高校公共体育课程系列教材

健康体适能
锻炼教程

JIANKANG TISHINENG
DUANLIAN JIAOCHENG

主编 周晖 黄福挺 李立敏

ZHEJIANG UNIVERSITY PRESS
浙江大学出版社
·杭州·

图书在版编目（CIP）数据

健康体适能锻炼教程 / 周晖，黄福挺，李立敏主编
. -- 杭州 ： 浙江大学出版社，2024.6（2025.9重印）
ISBN 978-7-308-24436-7

Ⅰ．①健… Ⅱ．①周… ②黄… ③李… Ⅲ．①体育锻
炼－适应能力－高等学校－教材 Ⅳ．①G806

中国国家版本馆CIP数据核字（2023）第234373号

健康体适能锻炼教程

周 晖 黄福挺 李立敏 主 编

责任编辑	汪荣丽
责任校对	沈巧华
封面设计	林智广告
出版发行	浙江大学出版社
	（杭州市天目山路148号 邮政编码310007）
	（网址：http://www.zjupress.com）
排　　版	杭州林智广告有限公司
印　　刷	浙江新华印刷技术有限公司
开　　本	710mm×1000mm 1/16
印　　张	10.25
字　　数	168千
版 印 次	2024年6月第1版 2025年9月第2次印刷
书　　号	ISBN 978-7-308-24436-7
定　　价	39.00元

近些年来，国家学生体质健康数据揭示了一个严峻的现实：学生体质状况仍不乐观，其中，大学生的体质健康问题尤为突出，耐力、力量等关键性指标持续下滑。为解决这一问题，2020 年 10 月，中共中央办公厅、国务院办公厅联合印发的《关于全面加强和改进新时代学校体育工作的意见》（以下简称《意见》）强调，学校体育是实现立德树人根本任务、提升学生综合素质的基础性工程，是加快推进教育现代化、建设教育强国和体育强国的重要工作，对于弘扬社会主义核心价值观，培养学生爱国主义、集体主义、社会主义精神和奋发向上、顽强拼搏的意志品质，实现以体育智、以体育心具有独特功能。学校体育旨在通过体育锻炼帮助学生体验乐趣、增强体质、健全人格、锤炼意志，培养全面发展的社会主义建设者和接班人。

此外，党的二十大报告中还进一步提出了"广泛开展全民健身活动，加强青少年体育工作"的明确要求。为了落实这一要求，本教材以促进学生体质健康发展、引导文明健康生活方式为目标，结合高校育人的实际和新时代特征，构建了一套符合年轻人生理、心理特征和兴趣导向的科学健康体适能训练方法和体系。

在当今社会，随着生活节奏的加快和工作压力的增大，人们往往忽视了对身体的锻炼和保养。然而，体适能不仅仅是身体健康的基石，更是预防疾病、提高生活质量的关键。推行体适能教育，不仅有助于提升国民的整体健康水平，还能培养人们的运动习惯，增强身体素质，从而使人们更好地应对日常生活中的各种挑战。此外，体适能锻炼还能促进心理健康，缓解压力，提高人们的幸福感和生活质量。因此，推行体适能教育具有极其重要的意义。

作为高校公共体育课程系列教材之一，本教材凝聚了体育课程教学改革实践和教学研究的成果，以《国家学生体质健康标准》为指导，围绕学生健康体适能相关知识展开。全书共有四章，分别是：体适能知识概述、一般身体素质锻炼方法、专项运动身体素质锻炼方法、常见的运动损伤与处理。

本教材在编写的过程中，注重教育理念和教学方法的创新，力求以新颖的结构和简明生动的文字图示，让学生能够轻松掌握健康体适能的相关知识。同时，本教材还结合信息化技术，以二维码的形式呈现体育锻炼方法应用的实例视频，实现"体育＋数字化"的教学模式，帮助学生从理论到实践，掌握科学的锻炼方法和基本原理。

体育运动能帮助学生改善心理状况、克服心理障碍，并能体验到运动的乐趣与成就感。通过对本教材的学习与实践，学生将能掌握体质健康测试和评价的基本知识。此外，本教材还针对不同的体育项目设计了实用的练习方法，具有较强的实用性。

在本教材的编写过程中，编写团队参阅了众多学术著作、教材和文献资料，并得到了多位专家的悉心指导，我们为此表示衷心的感谢。对于未能找到出处且未在文中标明的参考资料的作者，我们表示诚挚的歉意和衷心的感谢。同时，我们也恳请广大读者提出宝贵的批评和建议，以便我们进一步完善本教材。

编　者

目录

第一章

体适能知识概述

　　广义的体适能，即个体能以健康的体态、良好的身体机能应对日常工作任务、业余活动和突发状况，而无须过度消耗体力或产生疲劳感。拥有良好的体适能水平能够显著降低健康风险，同时，保持积极的心态与和谐的人际关系也有助于更高效地完成各项任务，为生活增添更多的乐趣。

　　随着现代社会机械化和自动化的高度发展，许多过去需要长时间体力投入的生产和家务活动，如今仅需简单操作即可完成，这在一定程度上减少了人们的体力活动。然而，快节奏的生活和激烈的竞争环境，加之不健康的饮食习惯，如高脂肪、高热量、低纤维的快餐，导致了一系列现代"文明病"，如高血压、冠心病、高脂血症等。但值得庆幸的是，通过系统的锻炼和规律的身体活动，我们的运动器官和内脏器官能够得到良好的保养，从而在一定程度上预防这些疾病的发生。因此，关于体适能与健康关系的研究就显得尤为重要。研究表明，缺乏身体活动是多种疾病的主要诱因。增加身体活动成为各年龄段人群维持健康的重要手段，并有助于促进人体健康。鉴于体适能对健康、工作、运动成绩及生活质量的重要影响，人们对体适能的研究愈发重视。

　　目前，在美国等发达国家，"体适能热"正悄然兴起，参与人数持续增长。这一现象产生的背后，有三大主要推动力：一是越来越多的人加入体适能提升和体重控制的计划中；二是健身与健美的相关信息广泛传播；三是全社会对增强体质和保持健康的意识不断增强。我国历来重视国民的体质健康，积极倡导通过体育活动提升国民体质，促进人体健康，并为此制定了多项政策和健康评价体系。

第一节　健康与体适能

一、健康的定义

世界卫生组织（World Health Organization，WHO）对外公布，当代人们患"文明病"的概率急速上升，例如，心脑血管硬化、高血压、糖尿病、肥胖症、恶性肿瘤等慢性疾病。这些现代"文明病"并非由细菌或病毒所引起的，而是不良的生活方式、生活压力、紧张情绪、营养过剩、体育运动的缺乏所导致的。长期缺乏运动的人，身体素质也会有所下降。现代社会竞争激烈，很多人在心理上存在很大的压力，使这些"文明病"的发展更是雪上加霜。

健康是人类创造财富的关键，也是促进人类文明和发展进步的根本保障。随着医学技术的不断发展和时代的进步，科学的健康观念变得更加全面。现代健康意识告诉我们，人们需要保持身体和精神上的健康。具体来说，人们需要保持健康的躯体、精神、行为和道德观念，以适应日常的工作、学习和生活，达到一种"身心合一"的良好状态。根据一项调查，80%的成功人士每天都进行体育锻炼，这进一步说明了身体健康的人更有可能取得成功。只有具备健康的体适能指标，人们才能享受生活、提高生活质量，并能更好地应对紧急突发事件。因此，健康的体适能是人们生活水平提高的根本保障。通过体适能锻炼，我们可以更好地迎接未来的挑战。

世界卫生组织对健康的定义是："健康不仅是没有疾病，而且包括躯体健康、心理健康、社会适应良好和道德健康。"因此，健康不仅是指躯体无疾病，还包括心理、社会适应和道德品质的健康。具体来说，心理健康包括情绪稳定、积极乐观、能适应环境变化等；社会适应良好是指一个人能够与他人建立良好的关系，善于处理各种人际关系；道德健康则是指一个人的行为符合社会道德规范，有正确的价值观和道德评判标准。为了保持健康，人们需要积极锻炼身体，多与人沟通交流，走入社会，努力提高个人的品德修养，积极为社会做贡献；为了达到这个标准，人们需要保持健康的生活方式，如合理饮食、适当运动、规律作息等，同时也要注意心理调适，保持积极乐观的心态，增强自我控制能力。

二、体适能的定义

体适能是由英文 physical fitness 翻译而来。体适能是指个人在日常工作之外，能够享受休闲活动、应对压力和突发状况的身体适应能力。它是评价健康的一个综合指标，包括机体有效的执行能力，以及适应环境的能力。体适能反映了人体的心肺耐力、柔韧性、身体成分、肌肉力量与耐力等健康状况。研究表明，心肺耐力与心血管疾病的发病风险呈负相关。此外，柔韧性的提高可以减少运动损伤，肌肉力量和耐力的增强有助于提高生活质量和预防骨质疏松症。因此，通过评估和改善体适能，有助于个体保持整体健康水平。

体适能水平反映了人体在一定时间段内的健康状况和身体功能水平，因此，保持适当的体适能水平对于维护人体健康和提高生活质量非常重要。通过定期进行有针对性的运动和合理饮食，可以提高身体的体适能水平，增强身体的适应能力。

三、体适能的分类

体适能与人体的健康体态、工作能力、劳动能力和运动水平密切相关。学者根据体适能与健康的关系对其进行了划分，具体分为健康体适能和竞技体适能两种。健康体适能是为了促进健康、预防疾病和提高日常生活工作效率而需要的体适能。它包括心肺耐力适能、肌力适能、肌耐力适能、柔韧性适能和适当的体脂肪百分比等。有研究表明，心肺耐力适能的提高可以降低心血管疾病的发生风险，延长寿命。此外，肌力适能的增强可以提高个体的工作能力和劳动能力，减少工作中的疲劳感。竞技体适能是运动员为了在竞技比赛中取得优异成绩所需的体适能，它包括灵敏性、平衡性、协调性、爆发力、反应时间和速度等。例如，灵敏性的提高可以使运动员更快地做出反应，增加比赛中的得分优势。需要注意的是，构成体适能的要素与上述内容的影响水平并不完全一致。因此，了解和提高体适能对于维持健康、提高工作和运动能力具有重要意义。

另外，还有学者将体能分为大体能和小体能，前者泛指身体能力，如身体运动能力、身体适应能力、身体机能状态等；后者即运动训练中的体能训练和体能性项目训练。也有观点认为，体能即体力与专项运动能力的统称，包括身体素质与潜力、专项运动能力等。

总之，体适能的分类多种多样，其具体的分类方式由分类标准决定。无论是健康体适能还是竞技体适能，都需要通过科学合理的训练来提高。

四、健康与体适能的关系

健康程度能够有效体现身体、精神和社会的实际状态，突出的是一种对社会的适应能力。体适能突出的是一种应变能力。所以，不难看出，身体的健康程度将会影响机体的体适能指标。

健康是每个人追求的目标。人类的健康水平会随着物质生活水平的变化而变化。最初，在发展中国家，人们以是否能够治疗疾病为标准判断生活质量的高低。而在发达国家，人们则以精神愉悦和心情舒畅为标准衡量健康。为了满足人们对健康理念的追求，并能更好地适应社会的发展需要，体适能概念应运而生。体适能是心肺耐力、肌力与肌耐力、柔软度、身体成分等指标的综合表现。它是维护身体健康和快乐工作的前提。研究表明，心肺耐力训练可以提高心血管功能，降低患心脏病的风险。肌力与肌耐力的提高可以增加骨密度，预防骨质疏松症。柔软度的增加可以减少肌肉和关节的损伤。保持适当的体适能水平对于维护人体健康和提高生活质量至关重要。一项研究发现，身体成分良好的人更有可能拥有优质的心理健康水平和生活质量。因此，我们应该重视并努力提高自身的体适能水平，以获得健康的身体和优质的生活质量。

要提高体适能水平，就需要制订科学合理的训练计划，包括有针对性的运动和合理的饮食等。通过长期的体适能训练，可以提高心肺耐力、增强肌肉力量和耐力、改善身体柔韧性等，从而提高身体的体适能水平。同时，保持良好的生活习惯和心态也有助于维护身体健康和提高体适能水平。

五、国内健康体适能研究现状

体适能一词在很多地方被翻译为"体质"。我国自改革开放至今，对于"体质"的研究，无论是在理论方面还是在实践中，均取得了一定的成绩。

1979 年，教育部、卫生部、国家体委联合发出通知，在我国的 16 个省份第一次开展了统一领导、统一计划、统一器材、统一测试方法及统一资料运算的全国性青少年体质调查研究。这标志着我国对青少年大规模开展体质测试的开始。这项调查研究为我国制定青少年体育政策提供了重要依据。例如，根据调查结果，我国加强了学校体育课程的设置，延长了学生的体育锻炼时间。

1982 年，中国体育科学学会体质研究会及有关专家、学者在山东省泰安市召开的会议中，详细研究、讨论体质研究的有关问题。他们对"体质"的概念进行了深入的探讨，并将体质定义为人体的质量。体质是在遗传性与获得性基础上所表现出来的形态结构、生理功能、心理因素、身体素质、运动能力等方面综合的、相对稳定的特征。这一理论体系的形成是国内外体质学界在理论概念上的一次突破，对整个国民体质监测指标体系的形成产生了深远的影响。

1984 年，我国进行了四次大规模的学生体质健康调研。这些调研不仅统计了我国多个民族学生的体质健康状况，还建立了学生体质健康状况调研机制。例如，第一次调研涵盖了 31 个省（区、市）的学生，结果显示，超过 60% 的学生存在不同程度的体质健康问题。此后的调研还在进一步深入，通过对不同年龄、性别、地区等因素的分析，揭示了学生体质健康问题的差异性和趋势性。这些调研为制定有针对性的健康政策和教育措施提供了重要依据，对我国学生体质健康的改善起到了积极的推动作用。

1995 年，北京体育大学邢文华教授申请的"中国国民体质监测系统的研究"课题被中国体育科学学会体质研究会批准为"八五"科技攻关计划的一项重大研究课题。同年，国务院颁布实施了《全民健身计划纲要》，针对国民身体素质、体育锻炼、健康体质等提出了全新的要求。

1998 年，我国针对 3～6 岁学龄前儿童和老年人的健康体质制定了相应的检测标准，再一次对我国国民体质的监测系统进行了完善。

1999 年，邢文华教授团队完成了"中国国民体质监测系统的研究"课题，为国民体质监测工作奠定了坚实的理论基础。该研究通过对全国范围内的大规模调查和数据分析，提供了全面而准确的国民体质状况分析报告。

2000 年，中国学生体质与健康调研全面展开。这是自 1995 年以来由教育部、卫生部、国家民族事务委员会、科学技术部委（局）共同组织的第四次大规模的全国学生体质与健康调研。本次调研覆盖了 31 个省（区、市）的 21 个民族，共涉及 1947 所学校，检测人数达到了 348768 人。调研项目包括身体形态、生理机能、体能素质、健康状况等四个方面的 22 项指标。调研结果显示，中国学生的肥胖率在过去五年中呈上升趋势，其中，城市学生的肥胖率高于农村学生。此外，调研还发现，学生的心肺功能普遍较差，其中，女生的心肺功能明显低于男生。这些数据为制定相关政策和改善学生体质提供了重要依据。

2003 年，国家体育总局、教育部、科技部、国家民族事务委员会、民政部、财政部、农业部、卫生部、国家统计局、全国总工会等 10 个部门共同制定了我国第一部《国民体质测定标准》。该标准通过对全国范围内不同年龄、性别、地区的人群进行大规模的调查和测定，建立了一套科学、客观的体质评估指标体系。例如，根据该标准，成年男性的体质评估指标包括身高、体重、肺活量、握力等。这一标准的制定对于全面了解我国人民的体质状况，推动体育事业的发展具有重要意义。

2007 年，教育部和体育总局共同实施了《国家学生体质健康标准》。

2014 年，教育部印发了《国家学生体质健康标准（2014 年修订）》。

2020 年，随着我国全民健身政策的深入推进，国家国民体质监测中心自成立以来，在国家体育总局的指导和支持下，积极协助完成了五次（2000 年、2005 年、2010 年、2015 年、2020 年）全国性的国民体质监测工作。此外，为了全面评估我国全民健身活动的开展情况，该中心还参与并完成了两次（2007年、2014 年）全民健身活动状况的调查。国家国民体质监测中心完成了包括"中国国民体质监测系统的建立与实施""中国国民体质数据库""国民体质测定标准""国民体质监测信息系统""国民体质综合指数"以及"中国城乡居民体育锻炼行为的研究"等一系列重大科研项目，为促进我国体育事业的科学发展和全民健康水平的稳步提升做出了重要贡献。

第二节　《国家学生体质健康标准》测评介绍

一、实施《国家学生体质健康标准》的历史沿革

《学生体质健康标准》于 2002 年在全国范围内进行了一次推广试行，并且获得了良好的试行效果。教育部、体育总局从《学生体质健康标准》试行五年来的结果中找出了存在的各项问题，开始着手对《学生体质健康标准》进行修订，并将其改名为《国家学生体质健康标准》，于 2007 年正式实施。《国家学生体质健康标准》的出台和实施，对于提高我国青少年的体质健康水平和素质教育水平都起到了积极有效的推动作用。2014 年 7 月 7 日，教育部印发了《国家学生体质健康标准（2014 年修订）》。

《国家学生体质健康标准》（以下简称《标准》）的颁布旨在评估学生的体质健康状况，并制定相应的规范和标准。这些规范和标准要求不同年龄段的学生达到国家制定的健康标准。具体而言，《标准》将学生的健康分为身体健康、心理健康和社会适应三个方面。根据《标准》，小学生应具备一定的体能水平，如能够完成一定数量的俯卧撑和仰卧起坐。此外，通过《标准》，还可以全面了解学生的身心健康状况，为学生的身心发展提供科学依据。

制定体质健康标准的指标，能够进一步展示与身体健康存在紧密关系的身体成分、关节和肌肉的柔韧性等基本指标状况。《国家学生体质健康标准》的出台和实施，旨在引导人们去追求健康的身体状态，实现学校的体育教学目标。

二、制定《国家学生体质健康标准》的基本原则

制定《国家学生体质健康标准》的目的在于，有效促进学生身体的正常生长和发育，使其各方面身体机能都能得到协调发展，鼓励学生能够自觉参与日常的体育锻炼。《国家学生体质健康标准》在制定的过程中，始终把握以下几个基本原则。

第一，有利于提高学生、家长、全社会对健康的认知，树立符合现代社会发展的体质健康理念，充分认识影响人类健康水平的几大主要因素。

第二，有利于帮助学生实现身体健康的目标。

第三，有利于引导学生选择简便易行、实效性强的项目进行锻炼，并促进学生运动技能水平的提高。

第四，有利于对学生个体的身体素质及健康状况进行科学、综合的评价。鼓励学生自主参与体育活动，培养学生正确的生活方式，养成积极进行体育锻炼的良好习惯。

第五，有利于缓解学生的精神压力和减轻其学习负担。

第六，有利于促进学校在"健康第一"的指导思想下将体育课程与《国家学生体质健康标准》相结合，两者既各有侧重，又相互配合，促进体育课程内容的改革，鼓励学生积极参加体育课程，坚持参加体育锻炼。

第七，有利于体育行政部门和学校对学生进行管理。

三、实施《国家学生体质健康标准》的重要意义

（一）积极贯彻《中华人民共和国体育法》

《中华人民共和国体育法》第二十七条规定："学校应当将在校内开展的学生课外体育活动纳入教学计划，与体育课教学内容相衔接，保障学生在校期间每天参加不少于一小时体育锻炼。"而《国家学生体质健康标准》要求从学校的角度出发来督促学生参与体育运动，增强其身体素质，为现代社会培养德、智、体、美全面发展的人才服务。该健康标准的实施不仅能够帮助学生塑造健康的体魄和健全的人格，还能纠正和改变目前学生体质健康状况存在的突出问题。它是依法办学、依法执教的重要内容。

（二）领会"健康第一"的指导思想和全国学校体育工作会议的精神

学校体育教育担负着"增强学生体质"和"促进学生健康"的教育责任。落实《国家学生体质健康标准》是为了有效执行《中共中央、国务院关于深化教育改革全面推进素质教育的决定》要求中提到的"青少年拥有健康的体魄是为祖国

和人民做好服务的根本前提，同时更是彰显中华民族旺盛生命力的重要体现"。《国家学生体质健康标准》的制定，有效激励了学生积极参与体育运动，是增强学生体质健康的重要手段。

（三）符合社会发展和对人体健康的需要

现代社会的不断进步和经济水平的持续提升，不仅给人们带来了丰富的物质享受，也对人们的身体健康构成了威胁。为了唤醒人们对学生健康问题的关注，国家制定了《国家学生体质健康标准》。该标准旨在帮助学生改变不良的生活方式和习惯，促进学生群体的健康成长。该标准通过个体评价标准对学生的身体形态、身体机能、身体素质和运动能力进行了专项测评。例如，根据《标准》，学生的身高、体重、肺活量等指标都会被测量和评估。这些科学的测评项目简单，易操作，且具有实效性。通过体育测评，学生能够发现自身存在的个体差异和不足，并被督促积极参与体育训练，改善自身的体质和健康状况，促进身心的健康。此外，实施《国家学生体质健康标准》还能有效帮助学校推行体育训练活动。例如，在某市的一所中学，学校根据《标准》的要求，每学期都会组织学生参加体育测评，并根据测评结果制订个性化的体育训练计划。经过一年的实施，学生的体质和健康水平得到了明显提升。可以说，《国家学生体质健康标准》的实施对于学校推行体育训练活动具有促进作用。

（四）发展和完善学生体质健康评价体系

在学校开展的体育教学活动中，对学生进行体质健康的测评是十分重要的工作内容。对学生进行科学、准确的体质健康评价，有助于学校全面落实体育教学工作。《国家学生体质健康标准》借鉴了《国家体育锻炼标准》的相关内容，并对在《学生体质健康标准》试行过程中集中反映的学校在体育教学工作中所存在的共性问题进行了认真总结，同时进一步学习和参考了国际上的成功经验，经过全面修正和完善之后，正式对外公布并实施的。《国家学生体质健康标准》的出台，结合了学校的体育教学计划，进一步凸显了学校的体育教学职能，强调了体育的教学价值。它确定了体质健康不应当仅仅是学校体育教学的唯一目标，还应该是学校体育课程存在的根本原因。

四、《国家学生体质健康标准（2014 年修订）》测试内容与办法

（一）说明

《国家学生体质健康标准》是国家教育工作的指导准则，也是衡量学校教育质量的根本标准，对学生综合素质测评起到重要作用。该标准适用于小学、初中、普通高中、中等职业学校和普通高等学校的学生。例如，根据该标准，学校可以制订体育课程和活动计划，以提高学生的身体素质。根据最新数据，该标准的实施已经取得了显著成效，学生的体质健康水平得到了明显提高。因此，该标准对于学校教育的发展和学生综合素质的提升具有重要意义。

根据该标准的要求，小学、初中、高中、大学各组制定的测试指标都是必测项目的指标，例如，小学生、初中生的测评项目包括身高、体重、肺活量等。此外，身体素质类项目（如 50 米跑、坐位体前屈等）也是各年级学生测评的共性指标。根据一项调查数据，小学生中有 80% 的学生参加了 50 米跑项目，而在初中生中这一比例可达 90%。可见，这些项目均具有普遍性和重要性。因此，这些指标在不同年级的学生中都是必测项目。

体能测定每年要测评一次，并将测评结果记录在学生体质健康标准中。特殊学制的学校，在填写登记卡时可以按规定和需求相应地增减栏目。学生毕业时的成绩和等级，按毕业当年学年总分的 50% 与其他学年总分平均得分的 50% 之和进行评定。

对于体质健康等级的评定，将根据学生的最终成绩进行划分。测评成绩是良好或以上者，能够参加评优和评奖，优秀学生还可以得到学校的体育奖学金。成绩不合格的学生，可以参与本年度组织的补考，如果补考后仍旧不合格，那么最终成绩将被确定为不合格。如果是普通高中、中等职业学校或是普通高等学校的毕业生，则体育成绩将根据该标准的内容要求来判定，最终成绩没有达到 50 分的学生，将按结业或肄业处理。

该标准的解释权归教育部门所有。

（二）单项指标与权重

《国家学生体质健康标准》制定了"三个健康标准"，进一步从身体形态、身体机能、身体素质、运动水平等几个方面进行综合评定，采用的单项指标与权重见表 1-1。

表 1-1　单项指标与权重

测试对象	单项指标	权重 /%
小学一年级至大学四年级	体重指数（BMI）	15
	肺活量	15
小学一、二年级	50 米跑	20
	坐位体前屈	30
	1 分钟跳绳	20
小学三、四年级	50 米跑	20
	坐位体前屈	20
	1 分钟跳绳	20
	1 分钟仰卧起坐	10
小学五、六年级	50 米跑	20
	坐位体前屈	10
	1 分钟跳绳	10
	1 分钟仰卧起坐	20
	50 米 ×8 往返跑	10
初中、高中、大学各年级	50 米跑	20
	坐位体前屈	10
	立定跳远	10
	引体向上（男）/1 分钟仰卧起坐（女）	10
	1000 米跑（男）/800 米跑（女）	20

五、《国家学生体质健康标准》关于大学生的评分指标与标准

（一）大学生体重指数评分标准

《国家学生体质健康标准》的身体形态健康标准，采用的指标是体重指数（body mass index，BMI）。将大学组分设为低年级组（大一、大二）和高年级组（大三、大四）两个组别。大学生体重指数（BMI）评分表见表1-2。

表1-2　大学生体重指数（BMI）评分表

（单位：千克/米²）

等级	单项得分	男生		女生	
		大一大二	大三大四	大一大二	大三大四
正常	100	17.9～23.9	17.9～23.9	17.2～23.9	17.2～23.9
低体重	80	≤ 17.8	≤ 17.8	≤ 17.1	≤ 17.1
超重		24.0～27.9	24.0～27.9	24.0～27.9	24.0～27.9
肥胖	60	≥ 28.0	≥ 28.0	≥ 28.0	≥ 28.0

注：体重指数（BMI）＝体重（千克）/身高²（米²）。

（二）大学生肺活量评分标准

《国家学生体质健康标准》的身体机能健康标准，采用的指标是肺活量。将大学组分设为低年级组（大一、大二）和高年级组（大三、大四）两个组别。大学生肺活量评分表见表1-3。

表1-3　大学生肺活量评分表

（单位：毫升）

等级	单项得分	男生		女生	
		大一大二	大三大四	大一大二	大三大四
优秀	100	5040	5140	3400	3450
	95	4920	5020	3350	3400
	90	4800	4900	3300	3350

续表

等级	单项得分	男生		女生	
		大一大二	大三大四	大一大二	大三大四
良好	85	4550	4650	3150	3200
	80	4300	4400	3000	3050
	78	4180	4280	2900	2950
及格	76	4060	4160	2800	2850
	74	3940	4040	2700	2750
	72	3820	3920	2600	2650
	70	3700	3800	2500	2550
	68	3580	3680	2400	2450
	66	3460	3560	2300	2350
	64	3340	3440	2200	2250
	62	3220	3320	2100	2150
	60	3100	3200	2000	2050
不及格	50	2940	3030	1960	2010
	40	2780	2860	1920	1970
	30	2620	2690	1880	1930
	20	2460	2520	1840	1890
	10	2300	2350	1800	1850

（三）大学男生身体素质评分标准

在《国家学生体质健康标准》的身体素质与运动水平标准中，50米跑、坐位体前屈、立定跳远、引体向上（男）、1000米跑，为大学男生组的5个必测项目，将评价结果分为优秀、良好、及格和不及格四个等级。大学男生组分设为低年级组（大一、大二）和高年级组（大三、大四）两个组别。大学男生身体素质评分表见表1-4。

表 1-4　大学男生身体素质评分表

等级	单项得分	50 米跑		坐位体前屈 /厘米		立定跳远 /厘米		引体向上 /次		1000 米跑	
		大一大二	大三大四	大一大二	大三大四	大一大二	大三大四	大一大二	大三大四	大一大二	大三大四
优秀	100	6.7"	6.6"	24.9	25.1	273	275	19	20	3'17"	3'15"
	95	6.8"	6.7"	23.1	23.3	268	270	18	19	3'22"	3'20"
	90	6.9"	6.8"	21.3	21.5	263	265	17	18	3'27"	3'25"
良好	85	7.0"	6.9"	19.5	19.9	256	258	16	17	3'34"	3'32"
	80	7.1"	7.0"	17.7	18.2	248	250	15	16	3'42"	3'40"
及格	78	7.3"	7.2"	16.3	16.8	244	246			3'47"	3'45"
	76	7.5"	7.4"	14.9	15.4	240	242	14	15	3'52"	3'50"
	74	7.7"	7.6"	13.5	14.0	236	238			3'57"	3'55"
	72	7.9"	7.8"	12.1	12.6	232	234	13	14	4'02"	4'00"
	70	8.1"	8.0"	10.7	11.2	228	230			4'07"	4'05"
	68	8.3"	8.2"	9.3	9.8	224	226	12	13	4'12"	4'10"
	66	8.5"	8.4"	7.9	8.4	220	222			4'17"	4'15"
	64	8.7"	8.6"	6.5	7.0	216	218	11	12	4'22"	4'20"
	62	8.9"	8.8"	5.1	5.6	212	214			4'27"	4'25"
	60	9.1"	9.0"	3.7	4.2	208	210	10	11	4'32"	4'30"
不及格	50	9.3"	9.2"	2.7	3.2	203	205	9	10	4'52"	4'50"
	40	9.5"	9.4"	1.7	2.2	198	200	8	9	5'12"	5'10"
	30	9.7"	9.6"	0.7	1.2	193	195	7	8	5'32"	5'30"
	20	9.9"	9.8"	−0.3	0.2	188	190	6	7	5'52"	5'50"
	10	10.1"	10.0"	−1.3	−0.8	183	185	5	6	6'12"	6'10"

（四）大学女生身体素质评分标准

在《国家学生体质健康标准》的身体素质与运动水平标准中，50 米跑、坐位体前屈、立定跳远、1 分钟仰卧起坐、800 米跑，为大学女生组的 5 个必测项目，将评价结果分为优秀、良好、及格和不及格四个等级。大学女生组分设为低年级组（大一、大二）和高年级组（大三、大四）两个组别。大学女生身体素质评分表见表1-5。

表1-5　大学女生身体素质评分表

等级	单项得分	50米跑		坐位体前屈/厘米		立定跳远/厘米		1分钟仰卧起坐/次		800米跑	
		大一大二	大三大四	大一大二	大三大四	大一大二	大三大四	大一大二	大三大四	大一大二	大三大四
优秀	100	7.5"	7.4"	25.8	26.3	207	208	56	57	3'18"	3'16"
	95	7.6"	7.5"	24.0	24.4	201	202	54	55	3'24"	3'22"
	90	7.7"	7.6"	22.2	22.4	195	196	52	53	3'30"	3'28"
良好	85	8.0"	7.9"	20.6	21.0	188	189	49	50	3'37"	3'35"
	80	8.3"	8.2"	19.0	19.5	181	182	46	47	3'44"	3'42"
及格	78	8.5"	8.4"	17.7	18.2	178	179	44	45	3'49"	3'47"
	76	8.7"	8.6"	16.4	16.9	175	176	42	43	3'54"	3'52"
	74	8.9"	8.8"	15.1	15.6	172	173	40	41	3'59"	3'57"
	72	9.1"	9.0"	13.8	14.3	169	170	38	39	4'04"	4'02"
	70	9.3"	9.2"	12.5	13.0	166	167	36	37	4'09"	4'07"
	68	9.5"	9.4"	11.2	11.7	163	164	34	35	4'14"	4'12"
	66	9.7"	9.6"	9.9	10.4	160	161	32	33	4'19"	4'17"
	64	9.9"	9.8"	8.6	9.1	157	158	30	31	4'24"	4'22"
	62	10.1"	10.0"	7.3	7.8	154	155	28	29	4'29"	4'27"
	60	10.3"	10.2"	6.0	6.5	151	152	26	27	4'34"	4'32"
不及格	50	10.5"	10.4"	5.2	5.7	146	147	24	25	4'44"	4'42"
	40	10.7"	10.6"	4.4	4.9	141	142	22	23	4'54"	4'52"
	30	10.9"	10.8"	3.6	4.1	136	137	20	21	5'04"	5'02"
	20	11.1"	11.0"	2.8	3.3	131	132	18	19	5'14"	5'12"
	10	11.3"	11.2"	2.0	2.5	126	127	16	17	5'24"	5'22"

（五）大学生体能测评加分指标评价标准

大学生体能测评的加分项目：男生是引体向上和1000米跑，女生是1分钟仰卧起坐和800米跑。其中引体向上（男生）和1分钟仰卧起坐（女生）这两项将划入高优标准当中。在测评中，学生如果单项评分达到了100分，后面所有超出标准的次数都要根据对应的分数进行加分。1000米跑（男生）和800米跑（女生）属于低优指标，学生的测评成绩如果低于单项评分100分，之后所有减少的秒数都要根据对应的分数予以加分。

大学生加分指标评价表见表1-6。

表1-6　大学生加分指标评价标准

加分	男生				女生			
	引体向上 / 次		1000米跑		1分钟仰卧起坐 / 次		800米跑	
	大一 大二	大三 大四	大一 大二	大三 大四	大一 大二	大三 大四	大一 大二	大三 大四
10	10	10	−35"	−35"	13	13	−50"	−50"
9	9	9	−32"	−32"	12	12	−45"	−45"
8	8	8	−29"	−29"	11	11	−40"	−40"
7	7	7	−26"	−26"	10	10	−35"	−35"
6	6	6	−23"	−23"	9	9	−30"	−30"
5	5	5	−20"	−20"	8	8	−25"	−25"
4	4	4	−16"	−16"	7	7	−20"	−20"
3	3	3	−12"	−12"	6	6	−15"	−15"
2	2	2	−8"	−8"	4	4	−10"	−10"
1	1	1	−4"	−4"	2	2	−5"	−5"

第二章

一般身体素质锻炼方法

第一节　概　述

身体素质是指人体在活动中所展现出来的一种与力量、速度、耐力、灵敏性、柔韧性等相关的机能类型。它能够展示一个人外在体质的强弱程度。研究表明，身体素质的好坏与心血管疾病的发生率密切相关。根据一项调查，每年有超过 100 万人死于心血管疾病，其中，大部分是缺乏运动和不良的生活习惯所致。因此，保持良好的身体素质对于预防心血管疾病至关重要。

身体素质英文可以译为 physical quality、physical fitness、body quality。身体素质往往是藏匿于人体的运动、劳动中，在中枢神经的支配下，身体各个器官发挥各自功能的一种综合体现。通常，人们用身体素质来衡量一个人的体质状况。良好的身体素质对于促进人体健康具有重要意义。一般身体素质练习举例如图 2-1 所示。

图 2-1　一般身体素质练习举例

一、体育锻炼的作用和意义

体育锻炼属于较为复杂的社会文化现象，是以活动身体各个部位为主，目的在于增强体质、促进身体健康、锻炼意志品质。体育锻炼最大的作用在于强身健体，全面促进人的健康。人们常说："生命在于运动。"毫无疑问，体育锻炼对人体生长发育有一定的促进作用，长期参加体育运动对增强个人身体素质是大有裨益的。

持之以恒地锻炼，有助于提高机体组织的新陈代谢能力，能使血液循环加快，身体的柔韧性增加，还能促进各骨关节的灵活性。经常锻炼身体可以延缓骨质疏松和骨质脱钙的发生，使身体保持良好的运行能力，还能调动身体的活动机能，改善血压状况，降低心血管疾病、糖尿病的发生概率，调节人体的呼吸系统。坚持进行体育锻炼的人，能够在运动中提高吸氧量，促进呼吸肌的力量锻炼，使肺泡的换气效率大幅度提高，从而增强肺活量。此外，经常进行体育锻炼的人还能提高自身的免疫力。国外的研究者通过实验论证得出，人在进行体育活动时，身体温度会升高，机体内部会生成一些特殊物质，这些物质能够提高人体的免疫功能，降低某些疾病的发生率。

经常进行体育锻炼能提高人体的灵敏度和应变能力，使人们能够具备应对突发事件的体力和能力。现代社会竞争激烈，人们长期处在这种环境下，容易造成很大的精神压力。如果能经常参加体育锻炼，就可以有效改善神经系统，释放压力，将紧绷的注意力进行转移，舒缓情绪，优化生活状态。体育锻炼还可以提高人的身体素质，有助于培养和造就全面发展的人。

因此，体育锻炼能够有效保持人体机能、提高身体素质、增强体质，使身体能长久保持一种最佳状态。这是缓解身体疲劳和确保健康生活的有效手段。我们应该培养起对体育锻炼的兴趣，养成有规律的运动习惯。

二、大学生体育锻炼的原则与方法

体育锻炼的原则包括自觉积极性原则、讲求实效原则、持之以恒原则、循序渐进原则、全面性原则。这些原则不仅能反映体育锻炼的客观规律，同时也是人们进行体育锻炼必须遵循的基本准则。

（一）自觉积极性原则

自觉积极性原则需要练习者为自己制定清晰的训练目标，能够真正认识到体育锻炼的价值和实际功能，并且能够自觉参加体育锻炼活动。同时，这个体育训练和自觉性运动的阶段，也是有效克服惰性和战胜困难的过程。练习者不但要为自己制订严格的训练和作息计划，同时还要把这项运动当成生活中必不可少的一个部分，只有这样才能真正达到体育锻炼的效果。

（二）讲求实效原则

讲求实效原则是指体育锻炼者应根据所选择的锻炼内容、时间、方法来合理安排运动负荷。一项研究发现，每周进行 3 次高强度间歇训练的人群相比于每周进行 5 次低强度长时间训练的人群，其心肺功能和肌肉力量都有显著提高。同时，要以个人年龄、性别、健康状况、体育爱好等为基础，科学制订锻炼计划。

（三）持之以恒原则

持之以恒原则是指要长期进行体育锻炼，使体育锻炼成为日常生活中不可或缺的一部分。体育锻炼能够给肌体一定的刺激，每次练习都可以给身体留下印记，不间断地练习可使印记得到不断积累。久而久之，这种印记积累就会使身体产生一种适应性，变成一种特定的体质，体育动作技能也会逐渐变成一种条件反射。因此，锻炼身体、参加体育活动需要持之以恒。体育锻炼只有在长期坚持的情况下，才能取得较为明显的效果。

（四）循序渐进原则

循序渐进原则是指在体育锻炼过程中，要根据人体自然发展和机体的适用规律循序渐进地增加锻炼强度。在锻炼过程中，要从不同主体的客观情况出发，对运动负荷进行科学的设计，以循序渐进的方式提高锻炼水平。人们在参加体育锻炼时，自身的运动负荷会不断发生变化，而合理的运动负荷将会对最终的锻炼效果有直接的影响。不同时期的身体状况是有一定差异的，所以在不同的机体状态下，身体所能承受的负荷大小也会不同。因此，体育锻炼需要遵循循序渐进的原则。

（五）全面性原则

在体育锻炼过程中，人体不同的身体部位将符合"用进废退"的身体发展规律，因此，应设计全面的训练计划，使身体的各个器官组织都能得到充分的发展和激活，从而使身体机能更加完善。

三、身体素质的分类

人体的身体素质属于人体运动的一种能力，通常是指人体在运动过程中所展现出来的速度、力量、耐力、灵敏性、柔韧性等诸多机体能力。身体素质则与人体所完成的各种运动动作、外界环境适应性有紧密联系，同时也是掌握体育运动技巧和提高运动成绩的前提。

（一）速度素质

人体的运动速度指人体在限定的时间内移动的距离，是人体在受到外界刺激时反应快慢的一种能力。从体育的角度来讲，就是在规定时间内所做的动作次数或是身体移动的距离长短。

影响人体速度的因素有很多。中枢神经系统的影响就是其中之一。研究表明，通过神经肌肉电刺激训练，运动员的反应速度和动作速度都能得到显著提高。此外，肌肉的收缩情况、协调性以及机体机能状况也与速度相关。相关研究发现，肌肉的爆发力和协调性的提高可以显著提升运动员的速度水平。因此，在训练速度时，除了应注重神经系统的训练外，还应加强肌肉力量和协调性的训练。具体来说，速度的表现形式包括反应速度、动作速度和周期性的运动位移速度等。为了测试速度，常用的方式有 4 秒冲刺跑和 50 米短跑等，通过 4 秒冲刺跑测试，可以准确评估运动员的加速度和最高速度水平。不同的训练方式需要根据体育运动项目的速度特点来选择。例如，在田径项目中，短跑运动员通常注重爆发力和加速度的训练，而长跑运动员则更注重耐力和持久力的训练。

总之，人的速度素质受中枢神经系统、肌肉的收缩情况和协调性，以及机体机能状况的影响。在速度训练中，应根据项目特点选择合适的训练方式，并根据青少年的成长阶段制订相应的训练计划。

（二）力量素质

力量是指肌肉活动时克服阻力的能力。它是身体的部分肌肉在收缩或舒张时表现出来的一种能力情况。这项指标的提升有助于提高身体的灵敏度。肌肉收缩能给人体的运动提供动力，其受到中枢神经系统的统一调控。肌肉的活动能力属于人体运动的核心，是确保肌肉正常工作的基础。

力量素质的表现方式有多种，其中典型的形式是最大力量。提高最大力量可以通过两种途径来实现。第一种途径是通过调节肌肉的肌间协调来促进力量的提升。研究表明，采用特殊的训练方式，如高强度间歇训练，可以进一步提升肌纤维的工作能力，促进肌肉间协调能力的发展。这种训练方式不仅可以增加肌肉体积，还可以显著提高力量水平。需要注意的是，这种训练方式虽然力量提升速度快，但消退也快。第二种途径是凭借肌肉的横断面积促进肌肉力量的提升。肌肉的生理横断面积指的是横切一块肌肉所有肌纤维横断面积的总和。研究发现，在其他因素不变的情况下，肌肉的生理横断面积越大，对应的力量也越大。研究还发现，增加腿部肌肉的横断面积可以显著提高跳跃力量。因此，通过增加肌肉的横断面积，可以有效提升力量水平。

锻炼力量的方式有两种：一种是锻炼上肢力量，另一种是锻炼下肢力量。通常情况下，锻炼上肢力量所采用的方法是引体向上、俯卧撑等，还可以用拉力器和哑铃辅助训练；锻炼下肢力量所采用的方法是深蹲、快速跑等。不具备较大力量的人在训练时要相应减少运动频次，比如减少引体向上的次数、少跳几级台阶等。

（三）耐力素质

耐力是指人体在较长时间段内保持肌肉活力和抵抗疲劳的能力，也被称为抗疲劳能力。耐力素质反映了人体肌肉耐力、心肺耐力和全身耐力的具体情况。研究表明，良好的耐力水平与健康密切相关，若每周进行 150 分钟的有氧运动，则可以显著降低心血管疾病的发生风险。此外，耐力训练还可以提高心肺功能，增强免疫系统功能，改善心理健康。对于青少年的耐力训练，应从有氧耐力训练开始，并结合不同年龄段的特点来设计训练方案。例如，对于青少年，可以通过跑步、游泳等有氧运动来提高其耐力水平。青少年参与团队运动可以提高他们的耐力水平和社交能力。因此，耐力训练对于青少年的身心发展具有重要意义。

有关耐力的训练可以提高并改善心血管系统功能，同时增强肌肉耐力。耐力训练的方式有有氧耐力和无氧耐力两种。有氧耐力活动有游泳、登山、长跑、健美操等；无氧耐力活动有爆发运动，如跳高、跳远、短跑等。不具备较强爆发力的人在训练中应当注意缩短运动距离。以长跑训练方式为例，最初训练可从 300 米、500 米开始，逐渐增加到 800 米、1000 米等。

（四）灵敏素质

灵敏素质指的是人体能够迅速调整身体动作、变化和姿势的能力。它是一种较为复杂的素质类型，需要通过人体活动来展现。举例来说，当面临突然启动、急停、改变方向等情况时，人体需要在瞬间快速转换并做出相应的动作。相关数据显示，专业运动员在灵敏性方面通常表现得更为出色。例如，篮球运动员需要在短时间内迅速做出变向的动作，而乒乓球运动员则需要做出迅速的反应和精准的击球动作。因此，灵敏素质对于运动员的表现而言至关重要。

灵敏素质是人体运动机能和神经反应的综合体现。目前，对于灵敏素质的客观衡量标准尚未确立。然而，通过对动作反应的熟练程度进行评估，可以更好地衡量灵敏素质的高低。灵敏性不仅是迅速、准确、协调地完成动作的能力，还包括其他方面的表现。研究表明，灵敏素质与运动员在比赛中的反应时间和成功率密切相关。以乒乓球为例，具有较高灵敏素质的运动员在面对快速发球时，能够更快地做出反应并成功返回球。因此，灵敏素质的评估对于运动员的训练和竞技表现具有重要意义。

（五）柔韧素质

柔韧素质是指人体在进行活动时，各个关节、肌肉和韧带的弹性与伸展度，它是人体活动所有关节，并进行伸展性运动的一种表现。这是人体通过活动身体关节，使其增加运动幅度的一种动作能力。柔韧性的练习有助于预防人体受伤，起到保持肌肉弹性和爆发力的作用。柔韧性的练习方式有两种：一种是主动练习，另一种是被动练习。两种练习方式都凸显了静力性训练和动力性训练的特点。青少年处在身体成长发育的重要阶段，是练习身体柔韧素质的重要时期，对于此时期的青少年进行柔韧性训练，需要遵循持续、适度、渐进的训练原则。

柔韧性的好坏不单是与骨骼结构特点相关，还与神经系统支配骨骼肌的能力相关。对柔韧性进行锻炼，能够让全身得到舒展，通过持之以恒的练习能获得良好的效果。不具备较强柔韧性的人，在运动过程中需要减小动作幅度。最佳的柔韧性锻炼方法是户外慢跑。慢跑能够使人身心保持愉悦的状态，促进全身器官的舒展，增加运动乐趣。柔韧素质的测试指标有坐位体前屈、纵劈叉等。

第二节　**速度素质锻炼方法**

　　速度素质是指人体快速运动的能力，包括反应速度、动作速度和移动速度。快速运动能够展现机体运动的加速度和最大速度。研究表明，反应速度的训练可以提高运动员在比赛中的应对能力和决策速度。动作速度的训练可以使运动员的技术动作更加流畅和准确。移动速度的训练可以提高运动员在比赛中的爆发力和迅速变向的能力。速度素质练习举例如图 2-2 所示。

图 2-2　速度素质练习举例

一、反应速度

　　反应速度是指人体对各种信号刺激（如声、光、触等）的快速反应能力。反应能力受遗传因素影响较大。测定反应能力的主要方法是对练习者发出刺激信号，使其对刺激迅速做出反应。可以采用多种测试方式对运动的反应速度进行评定，如通过实验室的测试进行评定，抑或用简易的方法进行评定。

二、动作速度

　　动作速度指的是人体或人体的某一部分能够快速完成动作的能力。动作速度主要反映在人体做出某一个动作所需要的挥摆速度、击打速度、蹬伸速度、踢踹速度等方面。同时，还包括练习者在特定时间段内完成单个动作重复次数的时间（即动作频率）。对动作速度产生影响的因素是练习者的机体部位做出动作的速度快慢。这项指标和大脑中枢神经系统的功能、运动部位肌肉的力量大小有关。由于动作速度主要建立在技术动作的基础上，如做出游泳转身动作、跳跃动作等，所以测评练习者动作速度时需要参考动作技术参数共同来完成。另外，还可以借助连续多次完成同一动作的时间来计算动作的平均速度。

三、移动速度

移动速度指的是人体在特定方向上的位移速度。移动速度指标以单位时间内机体移动的距离为标准。体育速度竞技的比赛项目，主要是考查运动员在固定距离内完成动作所需的时间，例如，用 100 米跑的时间和 100 米自由泳所需的时间作为速度指标。对移动速度产生影响的因素是动作频率，简单来说就是，在特定的时间段内完成动作的次数，以及在一个时间周期内的特定运动方向上的位移距离。以上两项都是提高位移速度的关键。测定移动速度的方法常用短距离跑。测试要求为练习者全力加速。其评定为：根据不同测试目的选定跑动距离，如 10 米、30 米、60 米、100 米、120 米；在练习者不疲劳、神经兴奋性高的状态下测验。在测试前，练习者应充分做好准备活动。除了时间参数外，步数、步频和单腿蹬地的时间也是重要的评价参数。

四、速度素质练习的内容与方法

（一）不同距离的直线冲跑练习

（1）10 米冲刺跑练习，训练起跑时加速的能力。

（2）30 米加速跑练习，训练起跑后逐渐加速的能力。

（3）60 米途中跑练习，训练能以最快速度保持一段距离的能力。

（4）100 米冲刺跑练习，训练在途中跑时的加速能力。

（5）200 米、400 米中距离跑练习，训练速度耐力。

冲刺跑

（二）往返冲跑练习

（1）快速折返跑练习。在进行快速折返跑的练习中，可以选择5米、8米、10米的距离来进行练习，主要锻炼来回冲跑的技术动作。在即将跑到终点线时，不能减速，要以最快的速度进行折返跑。进行该项练习的目的是锻炼冲跑的技术动作。应注意的是，选择的距离不宜太长，进行折返跑的次数不能太多。

快速折返跑

（2）10米前后冲跑练习。从起点跑向终点，再由终点快速跑向起点，往返多次练习。

（3）10米左、右两侧并步跑练习。右脚在前，左脚在后并步跑向终点，或者换成左脚在前，右脚在后并步跑向起点。

（三）接力跑练习

（1）折返接力跑。将队员划分为几个人数相等的小组，听到起跑口令后，每个组的第一名队员向终点冲跑，触碰终点线后返回跑。跑回始发地时，要迅速给下一名队员传递信号，下一名队员继续跑，循环进行这种训练方式，先跑到终点的小组获胜。折返接力跑如图 2-3 所示。

折返接力跑

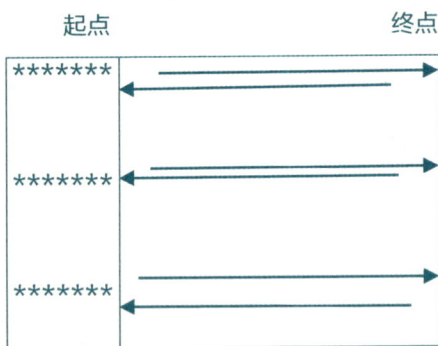

图 2-3 折返接力跑

（2）迎面接力跑。把队员分成若干组，每组人数相等，并分别间隔 20 米或 30 米（距离自定）站立。听到起跑令后，站在 A 点排头的选手冲刺跑向 B 点排头选手，并与其击掌后站 B 点排尾，同时，B 点排头选手击掌后即冲刺至 A 点，与 A 点排头选手击掌，站 A 点排尾；以此类推，直至全部选手跑完，以最快完成的小组为胜。迎面接力跑如图 2-4 所示。

迎面接力跑

图 2-4 迎面接力跑

以上接力跑可以在跑前附加一些原地小动作（如俯卧撑、跳绳、全蹲跳等动作），再进行接力跑，这样可以增加运动的趣味性。

（四）下肢快速步频练习

（1）原地快慢变速高频率小步跑练习。

（2）原地高抬腿练习。

（3）原地前后快速小步跑练习。

（4）原地快速弓步换腿跳练习。

（5）原地单腿连续跳练习。

（6）后蹬跑练习。

原地快慢小步跑	原地高抬腿	前后快速小步跑

快速弓步换腿跳	单腿连续跳	后蹬跑

以上动作按照慢、快、最快的速度节奏进行，时间顺序为 20 秒慢速，30 秒或 1 分钟快速，再 30 秒最快速度交替进行练习。研究表明，这种交替练习方法可以提高肌肉力量和耐力，增强心肺功能。例如，参与者进行了 4 周的交替练习，结果显示，他们的肌肉力量增加了 20%，心肺功能也有所提升。因此，这种练习方法对于提高身体素质和健康非常有效。

（五）跨越障碍物练习

将障碍物摆放成直线或斜角等形状，练习者以各种跑跳姿势，快速穿越或跨越这些障碍物。

第三节　力量素质锻炼方法

力量素质是指人体某一部分肌肉在工作时克服内外阻力的能力。它的发展可以通过练习来实现。练习力量素质时，人体需要克服多种外部阻力。外部阻力包括物体重力、反作用力、摩擦力、空气或水的阻力等。力量素质练习举例如图 2-5 所示。

力量根据肌肉收缩的特性进行划分，具体可分为静力性力量和动力性力量两种；根据表现形式进行划分，可分为最大力量、速度力量和相对力量等。

图 2-5 力量素质练习举例

一、静力性力量练习的内容与方法

静力性力量练习的标准是，身体不会出现较为明显的位移，使肌肉形成一种收缩和张力，通常不会出现长度的变化。在结束了静力性的相关练习之后，肌肉始终处于较为紧张的收缩状态，因此，对人体血液循环会产生一定的影响，出现的疲劳感较早。

静力性力量锻炼通常采用的训练方式是，使用大力来完成某一个动作，主要考量的是坚持的时间长短，采用的方式有以下几种。

第一，对抗性静力锻炼。依据发展身体某个部位肌肉的实际需要，制定静力锻炼方案，使身体保持某个姿态不变，使用极限力量来对抗固定的物体，使身体某个部位的肌肉力量得以提升。

第二，负重静力锻炼。依据发展身体某个部位肌肉的实际需要，使身体保持某个姿态不变，使用负重的方式进行静力训练。

第三，动静结合锻炼。在动作练习过程中，采用慢速度进行练习，不使用反弹和惯性，通过保持肌肉的一定紧张程度来完成训练内容，以达到良好的训练效果。

二、动力性力量练习的内容与方法

（一）最大力量

发展最大力量，常用的方法是负重抗阻练习。例如，进行重量训练时，逐渐增加负荷可以刺激肌肉更多地参与运动，从而增加肌肉的力量和体积。研究显示，通过负重抗阻练习，如杠铃深蹲和硬拉，可以显著提高最大力量水平，对于提高运动表现具有重要作用。训练要求是：

（1）强度。负荷强度是指身体在某种运动或训练中能够承受的最大重量。一般情况下，根据本人最大负荷量的2/3（60%～80%）完成负荷训练任务。在训练过程中，如果是自身拥有一定训练基础的练习者，可以适当增加训练强度。

（2）重复次数与组数。在训练的重复次数和组数选择过程中，将会进一步结合负荷强度来进行设计。如果选择的训练负荷强度大，就需要相应减少重复练习的次数；如果选择的负荷强度小，就要相应增加重复练习次数。

（3）间歇时间。在练习的间歇阶段，一般选择3～5分钟的练习间歇时间，在放松的过程中，运动员可以做一些轻缓的动作来放松肌肉。

（二）相对力量

相对力量的提升是需要通过肌肉的协调功能来实现的。训练要求是：

（1）强度。针对训练强度的设计，通常采用85%以上的强度完成训练，使身体肌肉全面参与训练动作，提升肌肉的协调水平。

（2）重复的次数与组数。在一般的训练活动设计中，每组训练的重复次数通常是1～5次，如果单组训练次数少，就要相应增加组数。在练习时，需要注重爆发力的练习，使动作呈现一致性和连贯性。在训练过程中，需要集中精力，谨防身体受到伤害。

（3）间歇时间。每次动作训练结束之后，需要在两组训练之间设置一定的休息时间，保持体力的恢复，放松肌肉。通常情况下，休息时间设置为3～4分钟。身体肌肉放松时，一是可以做一些较为轻缓的放松动作，二是继续保持神经的兴奋性，便于快速进入下一组练习。

（三）速度力量

速度力量常被称为爆发力，它是指在短时间内所迸发出的最大力量。速度力量的锻炼一般以中等或中小负荷为主，通常是迅速、重复次数少，使用最快的速度完成动作，以达到最佳的训练效果。训练要求是：

（1）强度。通常使用最大力量的30% ～ 50%的负荷强度。例如，在进行重量训练时，使用50%的最大负荷可以最大限度地激活肌肉纤维，从而促进力量的提高。此外，适当的负荷强度还可以让练习者感受到最大用力感和速度感，从而提升训练效果。

（2）重复次数与组数。在训练时，要适当增加练习的重复次数，次数不能过多。训练的过程以激发练习者的爆发力为主，根据相关要求来设计训练动作。一般以每组重复练习5 ～ 10次为宜。训练的组数需要教练根据练习者的实际身体状况确定。训练原则是在不降低速度的前提下进行下一组的练习动作。一般练习3 ～ 6组，要保障练习者动作的顺畅性。

（3）间歇时间。要留出发展速度力量的间歇时间，每组训练中间的休息时间需要2 ～ 3分钟，不宜过长，否则容易降低练习者的运动兴奋度，从而对下一组训练产生不利影响。

（四）力量耐力

力量耐力是指长时间克服阻力的能力，兼顾力量、耐力两大特性。肌肉需要具备一定的力量，并能长时间保持工作状态。训练要求是：

（1）强度。用较小的负荷强度，进行训练，强度选择一般为20% ～ 40%。

（2）重复次数与组数。一般情况下，锻炼最大力量选择的动作训练方式，其重复的次数可设计为30 ～ 100次，以练习3 ～ 6组为宜。

（3）间歇时间。在训练过程中，选择的间歇时间需要结合训练的时间和肌肉的放松程度来确定，参考心率指标对间歇时间进行控制，当心率恢复到120次／分左右时，可以继续进行后续的训练。

（4）力量耐力练习。它是一种要求克服阻力并坚持较长时间的练习。研究表明，进行俯卧撑和仰卧起坐等常见的力量耐力练习，可以提高肌肉力量和耐力。这种练习的强度通常为 50% 左右，旨在达到一定的疲劳程度。研究还发现，在进行 30 秒的俯卧撑训练后，参与者的肌肉疲劳感会明显增加。因此，力量耐力练习对于提高身体素质和运动表现具有重要意义。

（五）绝对力量

绝对力量的训练通常使用的是附加重量（次极限重量）或最大重量（极限重量）的重物，这些在卧推杠铃、深蹲和半蹲杠铃的训练时常用。

三、身体各部位力量练习的内容与方法

（一）上肢力量练习内容与方法

上肢力量训练的重点是，练习手腕、小臂（前臂）、大臂（上臂）、肩部的肌肉力量。

（1）持哑铃练习。例如，推举哑铃可以锻炼肩部和上臂肌肉，体前平举哑铃可以增强前臂和肩部力量。根据相关研究数据，每周进行持哑铃训练可以显著提高肌肉力量和耐力。因此，持哑铃训练是一种有效的健身方式。

（2）徒手练习。例如，靠墙倒立、俯卧撑、立卧撑等。

（3）双人练习。

①牵拉：一种通过双方用力牵拉来测试力量和平衡能力的活动。活动的规则是，哪一方的单脚离地，即为失败。这个活动不仅可以锻炼身体的力量和平衡能力，还能增进双方的互动与合作。因此，牵拉活动在体育教育和团队建设中具有重要意义。

②推小车：一种地面俯撑的高效训练方法。练习者需要保持身体挺直，双脚被同伴抬起，模拟推车的动作。研究显示，这种训练方法可以有效锻炼核心肌群和上肢力量，提高爬台阶的能力。

（4）沙袋球和实心球练习。使用单手正面推掷球、单手侧向推掷球、双手向后抛球、单手肩上前甩球、双手侧抛球。这些练习是通过不同的手部动作来提高对球的控制能力，从而提升技术水平。例如，通过练习单手向正面推掷球，可以提高手臂力量和准确性，进而更好地控制球的运动轨迹。

（5）单杠引体向上。跳起双手正握杠，呈直臂悬垂姿势，从静止开始，两臂用力引体，上拉到下颌超过横杠上缘，还原呈直臂悬垂姿势为完成一次。在上拉过程中，允许身体有摆动、屈膝、挺腹等动作。

颈后推举　　　　　杠铃杆快挺　　　　　推小车　　　　　推举练习

引体向上练习　　　实心球抓球练习　　　仰卧撑　　　　　俯卧撑

击掌俯卧撑　　　　单手上举　　　　　哑铃侧平举　　　　哑铃前平举

哑铃前臂屈伸　　　墙手倒立　　　　　实心球上抛

（二）下肢力量练习内容与方法

对于躯干下肢力量的训练重点是，要锻炼髋部（骨盆部）、腿部（大、小腿）、足部（踝关节）等部位。

（1）徒手练习。例如，静力半蹲、单腿蹲起、双腿蹲起、单足跳、屈体跳、立定三级跳、多级跳、蛙跳、跳起抱膝等。

（2）沙袋球、实心球练习。练习者俯卧，双脚夹球使双腿后摆起。研究表明，这种训练方法可以有效提高腿部力量和身体的灵活性。练习者还可以尝试俯卧双脚夹球腿屈，这有助于锻炼腿部肌肉。

（3）专项下肢力量练习。主要有以下几种：

①弓箭步交叉跳。

②垫步半蹲，向前、向后跑。

③并步半蹲，向左、向右移动跑。

④全蹲，向前、向后、向左、向右做弓箭步跳。

静力半蹲　　　　　　跳人马　　　　　　负重直腿跳　　　　　负重换脚跳

立卧撑跳　　　　杠铃杆弓步走练习　　　　收腹跳　　　　　弓箭步交叉跳

原地弓步走　　　　单足跳　　　　单腿蹲起　　　　半蹲　　　前后左右并步跳

（三）躯干肌肉群（腹、背肌）力量练习内容与方法

常用的训练方法如下：

（1）徒手练习。使用仰卧起坐、仰卧举腿、仰卧两头起、仰卧起坐转体、俯卧体后屈转体等方法进行训练。

（2）沙背心、沙护腿练习。使用背屈伸转体、侧屈体、马头仰卧举腿、斜板仰卧起坐、俯卧举腿、仰卧两头起等方法进行训练。

（3）徒手或负重转体练习。使用对侧抛球、杠铃杆转髋、握肋木两臂屈伸侧上举、坐式屈团身等方法进行训练。

背肌

空车蹬车

杠铃杆转髋练习

握肋木两臂
屈伸侧上举

平板支撑

对侧抛球

坐式屈团身

侧向桥式练习

仰卧举腿

仰卧两头起

四、力量素质练习的注意事项

（一）要突出重点，兼顾薄弱肌肉群

在进行力量素质训练的过程中，首先要锻炼四肢、腰、腹、背、臀等身体几个重点部位的大肌肉群和主要肌肉群；其次要重视发展薄弱的小肌肉群力量，使其能与大肌肉群一起得到同步的锻炼提升。

（二）训练时要充分拉伸和收缩肌肉，训练后要彻底放松肌肉

对于肌肉的训练，需要使肌肉得到最大限度的拉伸和收缩。训练时，选择的动作幅度应尽量保持最大，这是因为当肌肉纤维得到一定的拉长后，可以同步提高收缩力量，从而使肌肉保持长久的弹性和收缩速度，同时也会发生充血和肿胀。训练后，可以采取与力量练习动作相反的动作进行恢复，或者采取肌肉放松和按摩等措施，彻底放松肌肉。这种方式能够快速缓解肌肉疲劳，加快肌肉恢复速度。

（三）要做到全神贯注，增强自我安全保护意识

肌肉的活动是在大脑中枢神经系统的调节下进行的，因此，练习者在训练过程中，要全神贯注，始终保持动作和思想的一致性。采用这种练习方式能够促进肌肉的有效锻炼和发展，从而提高肌肉力量。特别是在练习较大负荷的动作时，更需要全神贯注，提高自我安全保护意识，减小受伤概率。

（四）要掌握正确的呼吸节奏

（1）在训练过程中，尤其是针对用力较小的训练，如果能够做到不憋气，就尽量不要憋气进行练习。

（2）为了减少练习者在训练中出现憋气训练的情况，对于最初进行训练的人，可以选择极限用力较少的练习方式，使练习者学会在训练中进行换气。

（3）在力量训练时，应避免长时间憋气。因为长时间憋气可能引发不良反应，如血液回流受阻，影响心脏功能和血液循环；呼吸性酸中毒，导致头晕、头痛、恶心呕吐等症状；心律失常，引发胸痛、眩晕或意识丧失等不适症状；脑水肿，严重时可导致昏迷、瘫痪甚至死亡；呼吸道感染等。然而，对于"避免深吸气"这一点，需要根据具体的训练情景来判断。在某些情况下，如举重或负重训练时，适当的深吸气可以获取更多的氧气，帮助肌肉更好地应对高强度的训练，延缓肌肉疲劳，增加训练持久力。但是，在吸气之后，要避免长时间憋气，在做动作时，要缓慢、有控制地进行呼气。总的来说，正确的呼吸方式对于力量训练非常重要，应根据具体的训练情景和自身情况来选择适合的呼吸方式，并在整个训练过程中保持呼吸的流畅和稳定。

（4）使用狭窄的声带完成呼气，同样可以达到憋气的力量指标。因此，在进行最大用力练习时，可以使用慢呼气的方式来帮助练习者完成最大用力练习。

（五）要科学设计训练计划

遵循"用进废退"的原则，针对力量素质的训练需要科学设计全年的训练计划，没有特殊原因，不能中途间断。相关科学研究显示，力量通过训练可较快增长，但是训练停止后，消退得也很快。针对力量素质的训练，因人而异、因

项目而异、因不同的训练任务而异。对于负荷的设计安排，也需要随时进行调整。在力量素质训练课程中，应当让不同的肌肉群交替完成训练任务。

（六）要加强对摆动的动力性练习

在力量素质练习的过程中，需要加强对摆动的动力性练习，需要注意动作的摆动幅度，这种练习方式能够让练习者获得明显的用力感和速度感，可增强技术力量，有助于提高关节的灵活性。

第四节　耐力素质锻炼方法

耐力素质所指的是机体在一定时间内能够保持特定强度负荷或动作质量的能力。耐力素质练习举例如图 2-6 所示。一定时间是指不同专项对运动时间的规定。耐力能够进一步凸显运动强度或动作质量。

图 2-6　耐力素质练习举例

一、耐力素质的作用和分类

（一）作用

在竞技类的体育比赛项目中，耐力素质发挥了关键性的作用。对于长跑、游泳、滑冰、骑行类等竞技项目来说，耐力素质的高低对比赛结果有重要影响，同时也主导着运动员的竞技水平。有关耐力素质的比赛项目有很多，比如羽毛球、足球、篮球、摔跤、拳击等。这些项目都对耐力素质有较高的要求，同时也决定着比赛结果。良好的耐力素质能够帮助运动员增加训练负荷，使其具备充沛的体力来完成比赛项目。

（二）分类

根据人体生理系统结构对耐力素质进行分类，其可分为肌肉耐力和心血管耐力两种。肌肉耐力，也称为力量耐力，是指肌肉在长时间持续运动中的耐力表现。心血管耐力还可进一步划分为有氧耐力和无氧耐力。有氧耐力指的是心血管系统在长时间低强度运动中的耐力，如长跑、游泳等。无氧耐力则是指在高强度短时间运动中，如举重、短跑等，心血管系统的耐力表现。

有氧耐力是指身体可以在氧气较为充分的环境下长久保持工作的能力。对于有氧耐力的训练，其主要用意是让运动员的身体能够吸收充足的氧气，帮助身体快速完成新陈代谢。

无氧耐力是机体通过无氧代谢提供能量，保持较长时间的工作能力。无氧耐力可分为磷酸原供能和糖酵解供能两种类型。磷酸原供能无氧耐力可通过举重运动来展示，例如，运动员在短时间内完成高强度的动作；糖酵解供能无氧耐力则可通过短跑运动来体现，例如，运动员在短时间内迅速释放能量，完成爆发力强的动作。

耐力还可以分为一般耐力和专项耐力。一般耐力是指通过提高专项运动成绩来间接提高基础性耐力。研究表明，长跑运动员通过长时间的训练和比赛，可以提高心肺功能和肌肉耐力，从而提高长跑成绩。专项耐力是指与专项运动成绩相关的耐力素质，即能够持续完成专项动作的耐力。例如，游泳运动员需要具备足够的肌肉耐力和心肺耐力，以保持长时间的游泳动作。因此，耐力素质的提高对于运动员的成绩和表现具有重要影响。

二、耐力素质练习的内容与方法

（一）跑步练习的内容与方法

（1）计时跑。在短距离或长距离下，进行重复跑的计时跑。根据距离的长短确定重复次数，一般以 3 ～ 6 次为宜，间歇时间是 2 ～ 4 分钟。训练强度控制在 70% ～ 90%，强度及时间按照队员的实际运动水平来确定。如果设定的距离短，则强度可以适当增加。

（2）间歇接力跑。将若干人分成两个小组，分别以 100 米的间距站立，听到起跑口令后开始跑，每人分别跑 100 米后进行交接，重复 5 ～ 8 次。训练要求是：每棒都在规定时间内完成。

（3）迎面接力反复跑。将队员分成两队，每队设置 10 ～ 15 人。两队距离控制在 50 米，完成迎面接力跑，每个队员重复练习 5 ～ 8 次。训练强度控制在 70% ～ 80%，训练要求是：每个队员都在规定时间内完成训练。

（4）反复加速跑。设置 10 米长的跑道并完成加速跑练习。队员在跑完之后走回到原起跑点，做放松练习，然后再继续跑向终点，反复进行 5 ～ 8 次。训练强度控制在 70% ～ 80%。

（5）反复连续跑台阶。在训练过程中，选择 20 ～ 50 厘米高的楼梯或看台，练习者每次跑 30 ～ 40 个台阶，每次连续跑 6 组，间隔的休息时间为 5 分钟。训练强度控制在 65% ～ 70%，训练要求是：躯体上体摆正，动作持续，也可以设定固定时间完成连续跑任务。

（6）球场往返跑。练习者分别站在篮球场的两端，在听到教练的口令后迅速向对面跑去，然后再进行折返跑。每组训练需要往返 4 ～ 6 次，设置 4 ～ 6 组，训练强度控制在 60% ～ 70%。

（7）综合跑。队员在跑道上进行向前跑、倒退跑及左右滑步跑，设置 50 ～ 100 米的跑步距离，每组完成 400 米，重复跑 3 ～ 5 组，休息时间为 3 ～ 5 分钟。训练强度控制在 60% ～ 70%。

（8）两人追逐跑。以 2 人为一组，间隔距离要求在 10 ～ 20 米。听到起跑口令后，开始训练，后方队员追赶前方队员，要求在 800 米之内追上则为有效，休息时间为 3 ～ 5 分钟，下一组练习时 2 个人需互换位置。每组训练 4 ～ 6 次，训练强度控制在 65% ～ 75%。

（9）上下坡变速跑。斜坡跑道的倾斜度以 5 ～ 10 度为宜，进行 100 ～ 150 米上坡加速跑练习，下坡采取放松慢跑的方式，跑回起点。每组练习 3 ～ 5 次，设置 3 ～ 6 组，休息时间为 10 分钟，训练强度控制在 65% ～ 75%。

（10）跳绳跑。队员在跑道上做两臂正摇跳绳跑动作，设置 100 米长的跑道，每次跑 5 ～ 8 次，休息时间为 5 分钟，训练强度控制在 60% ～ 70%。每次训练后，监测心率应恢复到 120 次 / 分钟以下才可继续进行下一组练习。

（二）跳跃练习的内容与方法

（1）长距离多级跳。设置 80 ～ 100 米的多级跳跑道，进行 30 ～ 40 次跳跃训练，每次完成 3 ～ 5 组，休息时间为 5 分钟。训练强度控制在 60% ～ 70%。若能在规定时间内完成，则可相应增加训练强度，做好各组练习之间的体力恢复。

（2）半蹲连续跳。选择草地作为训练场地，连续进行向前的双脚跳，双腿落地需呈半蹲状，落地后要马上进行第二次练习。每组进行 20 ～ 30 次，重复训练 3 ～ 5 组，休息时间为 5 分钟，训练强度控制在 55% ～ 60%。

（3）连续纵跳摸高。队员站立在摸高器或篮球架下，连续纵跳，使双手摸到最高处。每组练习 30 次，每次完成 4 ～ 6 组，休息时间为 2 分钟，训练强度控制在 40% ～ 60%。

（4）双摇跳绳。队员练习双摇跳绳，每摇两次绳子跳动一次，每组练习 30 ～ 40 次，每次完成 4 ～ 6 组，休息时间为 5 分钟，训练强度控制在 55% ～ 60%。监测心率恢复到 120 次 / 分钟以下才可继续进行下一组练习。

（5）负重连续转跳。队员肩负杠铃杆等轻器械连续做原地轻跳或是提踵练习，每组练习 30 ～ 50 次，每次 6 ～ 8 组，休息时间为 3 ～ 5 分钟，训练强度控制在 40% ～ 50%。

（6）连续跳实心球。先在练习者双脚前面摆放实心球，并保持站立姿势，双脚跳过球后马上跳回原地。连续跳球 60 次，每次完成 4 ～ 5 组，休息时间为 3 分钟，训练强度控制在 50% ～ 55%。

（三）沙地练习的内容与方法

（1）沙地负重走。选择沙滩作为训练场地，肩负杠铃杆，或者是背人完成负重走。每组训练 200 米，每次完成 5 ～ 7 组，休息时间为 3 分钟，训练强度控制在 55% ～ 60%，心率指标控制在 130 ～ 160 次 / 分钟。

（2）沙地竞走。练习者在沙滩或是沙地上完成竞走练习，训练长度为 500 ～ 1000 米，每次完成 4 ～ 5 组，休息时间为 3 分钟，训练强度控制在 55% ～ 60%，要求动作标准，尽量做提速练习。

（四）球类练习的内容与方法

（1）连续跳起投篮。在篮筐下保持站立姿势，听到口令后跳起投篮，接球后继续再投，重复投篮动作多次。每组投篮 20 ～ 30 次，每次完成 4 ～ 6 组，中间休息 2 分钟，训练强度控制在 40% ～ 55%。

（2）连续跳起传接篮板球。在篮筐下保持站立姿势，双手抱球跳起，将球投向篮板，等球弹回后，继续接球跳起投掷。每组练习 30 次，每次完成 4 ～ 6 组，中间休息 3 分钟，训练强度控制在 40% ～ 60%。

（3）往返运球跑。它是一种高效的篮球训练方法。在篮球场上进行运球练习，运球者需要先将球从一端线运送到另一端线，然后换手继续运球跑回原来的一端线。每组往返运球需要进行 6 次，每次训练时可进行 4 ～ 6 组。每组训练中间需要休息 2 分钟，以确保体力能充分得到恢复。为了达到最佳的训练效果，训练强度应控制在 60% ～ 75%。

（4）运球绕障碍物跑。在篮球训练场上，设置 5 个纵向障碍物，每个障碍物的间距为 2 米。运球者听到口令后，迅速绕过障碍物进行往返跑。为了评判运球者的表现，可以通过竞赛方式进行，并计时。训练时，要求运球者不得触碰障碍物。每次练习可进行 3 ～ 5 次往返跑，中间休息 5 分钟。训练强度控制在 55% ～ 60%。这样的训练方法已经在许多篮球训练中得到了广泛应用，并取得了良好的效果。

（五）杠上练习的内容与方法

（1）引体向上或臂屈伸。引体向上训练可以显著增加背部肌肉力量，而臂屈伸则主要锻炼的是上臂肌肉。这些训练方法可以帮助提高身体的力量和耐力。在单杠上连续做引体向上的动作，或在双杠上做臂屈伸。每组练习 2～5 次，每次完成 4～6 组，休息时间为 5 分钟，训练强度控制在 50%～60%。

（2）双杠支撑连续摆动。练习者在双杠上支撑直臂，以肩为轴进行上臂摆动，每组练习 40 次，每次完成 4～5 组，休息时间为 3 分钟，训练强度控制在 40%～55%。在杠上前后摆动双腿，要高出杠面高度，两腿做并拢、伸展动作。

（3）双手倒立。可独立完成或借助墙壁，或在他人帮助下完成动作。每组倒立静止 1～3 分钟，重复 3～4 组，组间歇 3～5 分钟，训练强度控制在 80%～90%。

上下台阶跑

综合跑

追逐跑

变速跑

连续跳绳

连续深蹲跳

半蹲连续跳

连续波比跳

连续摆臂

开合跳

持续高抬腿

三、耐力素质的影响因素和基本要素

（一）影响因素

耐力素质对运动员的有氧代谢能力、体内能源物质的存储以及运动器官的长时间工作能力有直接影响。同时，它也与运动员的疲劳耐受程度和心理控制程度密切相关。

为了提高运动员的耐力素质，需要采取以下措施。首先，提升运动员的吸氧、输氧及用氧能力，确保他们体内有足够的糖原储存量。其次，改善运动员的心理调节能力，激发他们在疲劳状态下的机体潜能。

（二）基本要素

耐力素质的基本要素如下：

（1）发展耐力素质要充分考虑年龄、性别及生理特点。男子在 17 岁之后，女子在 16 岁以后发展耐力素质较好。就运动负荷而言，男子和女子，体质强者和体质弱者均有明显的差别。

（2）发展耐力素质应该在发展有氧耐力的基础上发展无氧耐力。

（3）发展耐力素质要增加适量的运动负荷与间歇时间。

（4）动作速度为中等时，对耐力素质的提高最为有效。

（5）要重视耐力锻炼中的呼吸与动作的配合度。

（6）耐力锻炼必须持之以恒，要有顽强的意志品质。

（7）耐力锻炼后，应加强营养的补充和疲劳的消除。

第五节 灵敏素质锻炼方法

灵敏素质是指迅速移动体位、转换动作和随机应变的反应能力。根据相关统计数据，具备良好灵敏素质的运动员在比赛中的表现更为出色，他们的得分和助攻数也更高。因此，灵敏素质是体育运动中非常重要的一种能力，它能够提高运动员的竞技水平和比赛成绩。灵敏素质运动举例如图 2-7 所示。

灵敏能力对于对抗性体育竞技活动而言是非常重要的，如篮球、足球等竞技项目。灵敏度是身体素质的一部分，充分施展身体的灵敏度，能够有效预防身体损伤。大脑皮层神经活动的灵活性是构成灵敏素质的重要生理基础。研究表明，听觉训练可以提高听觉系统的敏感性和反应速度，进而提高听觉灵敏度。

另外，视觉训练也可以增强视觉系统的感知能力和处理速度，从而提高视觉灵敏度。此外，通过增加体育运动技能的练习和掌握次数，可以提高技能的熟练程度，使大脑皮层中的神经系统获得更准确和快速的反应，进而提高动作的灵活性。因此，通过提高感官功能和体育运动技能的练习，可以促进灵敏素质的提升，提高大脑皮层神经活动的灵活性。

图 2-7　灵敏素质练习举例

一、灵敏素质练习的内容与方法

灵敏素质属于人体的一种综合能力素质，但是这种素质也会受到遗传因素的影响。要想提高运动的灵敏素质，需要在练习的过程中不断增加训练难度，例如，可以借助运动器械来改变动作技术难度，增加训练方式的复杂性。

（一）反应判断能力的练习

（1）根据口令做出相应的动作。

（2）根据口令做出相反的动作。

（3）在行进中，根据口令做出相应动作。例如，喊数抱团这种方式可以测试参与者的反应速度。

（4）根据信号或手势进行快跑、慢跑、急停、转身的练习。

（5）队员一对一互相练习，用手猜拳、打手心手背、摸五官的方式进行反应练习。

（二）平衡能力的练习

（1）两人一对一相向站立，双手直臂互相搭在对方肩上，采用虚实结合的方法相互推，让对方失去平衡。

（2）站立平衡练习：俯平衡、搬腿平衡、侧平衡等。

（3）急跑时听到信号马上停止动作。

（4）向头上抛球，原地转体 2～3 周，然后接住球。

（5）直行中跳转 360 度后继续前进，保持直线运行。

（6）原地跳 180 度、360 度、720 度，站稳落地。

俯平衡

（三）协调能力的练习

（1）两人互相挽着手臂，背对背站立，然后同时蹲下，接着用力跳起。

（2）双人动作模仿练习。

（3）徒手操练习。

（4）练习健美操、体育舞蹈中的动作。

（5）脚步移动练习。双腿前后、左右、交叉快速行进。左右侧滑步行进。

（6）练习小腿里盘外拐行进。

（7）跳起，身体前屈摸脚。

（8）保持身体上躯正直，可稍微前倾，双臂放松并轻轻摆动，与肩保持水平，不要过度用力，双脚快速交替地踏着地面，步幅较短且步频快，脚尖着地，身体重心保持在前脚掌部位，以便迅速推进并保持一定的速度。

（9）快速连续跳：身体直立，双脚并拢，双手置于腰间，跳跃时，后脚跟微微弹起，前脚掌落地，连续跳跃。

快速连续跳

（10）单腿高抬腿跑：以一只脚着地，一条腿抬高至臀部或更高位置，大致与地面平行。高抬的腿以弯曲姿势向前迅速移动，然后迅速回到地面。同时，身体向前倾斜，保持核心肌群的稳定性和

单腿高抬腿跑

平衡。随着动作的连续进行，臀部、大腿和小腿的肌肉得到有效锻炼，并且这种高抬腿动作能够增强下肢的爆发力和柔韧性。在高抬腿时，双臂可以保持自然摆动或者配合跑步动作进行摆动，以增加身体的稳定性。

（11）双人跳绳。

（12）简单动作组合练习，如原地360度跳转接跳远等。

（13）一人单手扶住对方肩膀、另一只手握住对方脚腕，单脚左右跳、前后跳。

（四）简单跳绳动作的练习

（1）扫地跳跃是一种高效的训练方法。练习者用绳子做扫地动作，并在下蹲姿势准备后，双脚进行跳跃式练习。这种训练方法不仅可以提高身体的灵活性和协调性，还可以增强下肢肌肉力量。

（2）跳"双飞"和"三飞"。

（3）交叉摇绳：练习者用双手交叉摇绳，摇绳一次或二次，单脚或双脚跳绳一次。

（4）跳粗绳（或竹竿）：练习者在教练扫到其位置时迅速做出反应，并成功触及绳索。这种训练方法可以提高练习者的反应能力和协调能力。

（五）基本动作的练习

（1）转换固定体位的练习，如"8"字跑、折返跑、穿梭跑等，此项练习主要是锻炼练习者的基本反应能力。

（2）专门练习，如俯卧撑180度连续进行跳转、单腿起跳、旋转360度的持续练习等。

（3）变速和变向练习。练习者在进行跑、跳的过程中快速变化跑跳动作，如急停、变向、变速、转体等。

（4）其他方式的练习。根据信号完成追逐游戏，或设计较为复杂的游戏，如绕障碍"躲闪跑""穿梭跑"等。

（5）做专门设计的各种复杂多变的练习。

（6）使用非常规姿势进行练习，如侧向跳远或倒退跳远等。

（7）改变动作速率和速度的练习，如变化动作步伐和频率的练习。

立卧撑跳转 180 度

抖腕练习

快速小步跑

后滚翻

双脚十字跳

单脚起跳

前滚翻（正面）

前滚翻（侧面）

侧滑步跑

三角侧跑

（六）灵敏性游戏的练习

设置灵敏素质的游戏练习方式，需要融入游戏的趣味性元素，并且使游戏具备竞争性特点，这样可进一步激发练习者的兴趣和参与热情，使其能全身心投入活动训练。灵敏性游戏既能锻炼练习者的思维、提高注意力，还能提高其应对更多复杂场景时的应变能力。在训练过程中，灵敏性游戏的设置，不仅能使练习者提高运动技能和反应速度，还能达到提高身体综合素质的目的。在设计、运用和选择灵敏性游戏类型时，需要进一步结合快速反应、思维判断、协调能力、节奏感等相关内容，操作游戏时，要遵守游戏规则，并注意安全。具体练习如下。

（1）形影不离。2 人为一组，并肩站立。右侧方位的人可以自由变换方向及站位，左侧方位的人需要根据右侧人的动作及时跟进，始终保持左侧位站立。要求：反应灵活、随机应变、快速移动。

（2）模仿样子做。2人为一组，一人在活动中做出不同的动作，另一个人需要模仿做出相应动作。要求：领做者的动作可以任意发挥，照做者需要模仿其动作。

（3）水、火、雷、电。设置直径为15米的圆形活动场地，练习者在圆内快速跑，教练喊出"水""火""雷""电"的口令，其他练习者需要根据口令做出相应的动作。要求：练习者反应速度快，想象力丰富。

（4）互相拍肩。两人间隔1米面对面站立，努力拍到对方的肩，而不让对方拍到自己肩。要求：动作快、反应迅速、身手敏捷。

（5）抓"替身"。将队员分成两组，前后站立围成圆圈，一个抓，一个逃，逃脱的人如果站在另一组人的前面，那后面的人马上变成逃脱者，继续被抓人者追赶，如果被追赶上，则两个人互换"身份"，即抓的人变成逃的人。要求：反应快、躲闪快。

（6）双脚离地。队员分别站在活动场地的任意地方，教练可以指派专人作为抓的人。教练在发出口令后，逃的人需要双脚离地，抓的人只抓双脚未离开地面的人。要求：快速做倒立、举腿的动作。

（7）听令接球。队员围成圆圈，各自报数并记住自己的编码，教练手持球站在圆心，此时教练向空中抛球，并喊编号，被喊到编号的人听到口令要前去接球。要求：根据口令，快速做出反应。

（8）围圈打猴。教练选出几名队员当"猴"，并在圆圈内活动，其余队员是"猎人"，每个"猎人"手中都持两到三个皮球，在圈外向圈中的"猴"掷球，要求只准打腿部，被击中的"猴"需要与"猎人"互换身份。要求：眼神与身体互相配合、掷球准确、躲闪灵敏。

（9）追逐拍肩救人。队员中设置4名追逐者，其余为逃跑者，如果有逃跑者被追逐者追赶上，那么这名逃跑者要站在原地不动，单手举起示意。此时，没有被追上的逃跑者可以选择去救人，通过拍肩的方式让原地不动的人"复活"。救人者在救人的过程中随时可能会被追逐者追赶上。这个游戏培养的是队员们的集体荣誉感和自我牺牲精神。要求：躲闪迅速、灵敏，头脑机智。

（10）"活动篮圈"。队员自动分成两组，每组有一个篮圈，教练负责将一个球向空中抛起，此时以球为令正式进入比赛环节。两个小组的队员要将球投入对方的篮圈，最后以进球最多的组为获胜组。要求：该游戏主要是学习篮球的比赛规则，防守队员只能在自己的活动范围内进行防守。

二、发展灵敏素质的注意事项

多样化的练习方式能有效改善运动器官机能，因此，发展灵活素质的练习方式应当是类型丰富的，要不断改变训练方式。这种训练方法不但能使人熟练运用很多运动技能，同时还有助于提高人体内各种分析器的实际功能，使其能在运动过程中充分表现出时空三维立体的准确定向定时能力，从而进一步提升快速反应能力，达到动作准确、反应快速的训练目标。

该运动技能掌握的本质是条件反射，需要将条件反射根植在大脑皮层，能够在临场发挥时灵活变化出多种动作。通过掌握的动作技能，练习者头脑中对该动作能形成一种固定记忆，从而迅速做出反应，以应对各种突发状况。在训练中，要积极使用多样化的训练手段来促进身体素质的提升，提高灵敏素质，使运动员具备动作执行能力、反应能力和平衡能力。

青少年时期是训练灵敏素质的关键时期，也是最容易获得训练成效的时期。因此，应当在青少年时期加强对灵敏素质的训练。灵敏素质是通过人体中枢神经的统一指挥，使其展示灵敏性的一种体现。在青少年时期，神经系统是发育最快、最早的系统。所以，这个时期的青少年具有很强的平衡能力和反应能力，能够体现出更好的节奏感。

对于灵敏素质的训练，教练首先要消除练习者的紧张情绪，使其心态保持平稳。随后，在进行灵敏素质的专项训练时，教练要针对练习者的心态进行调节，使其身心得到一定程度的放松。因为在紧张的环境下，肌肉无法得到全面放松，从而引发其他器官的紧张状态，出现动作协调反应能力下降的情况，不利于灵敏素质的训练。

为了有效提升身体的灵敏素质，科学规划训练时间、制订系统的训练计划就显得至关重要。合理的时间安排既能避免训练时间过长，也能避免训练次数过多。如果在训练时出现身体疲劳感增加的情况，就需要减缓训练速度和减小训练强度。但是尽量不要破坏训练节奏，以免影响练习者的平衡能力。一些经验丰富的教练会根据实际情况制订科学合理的训练计划，来提升练习者的灵敏素质。

灵敏素质训练需要预留出充足的间歇时间，以确保氧债的偿还，促进肌肉中三磷酸腺苷（adenosine triphosphate，ATP）能量物质的有效合成。通常来讲，训练的时间和休息时间配比是 1∶3。

在训练过程中，要充分认识灵敏素质的特点，并根据其训练特点来规划训练内容，只有这样，才能够使训练的效果达到目标要求。例如，篮球运动员需要针对手部灵敏性设置训练内容，使其能够具备良好的控球能力；足球运动员要专门训练脚部力量，使其具备良好的射门能力。

第六节 柔韧素质锻炼方法

柔韧素质是指人体各个关节的活动幅度以及软组织的伸展能力。运动员需要具备良好的柔韧性，特别是肩、腰、髋、腿等部位。研究表明，柔韧性训练可以显著提高篮球运动员的灵活性和敏捷性，使其能更好地完成变向运球和突破动作。相反，缺乏柔韧性不仅会影响运动员的动作技能发挥，还会对速度和力量产生不利影响。一项研究发现，柔韧性差的足球运动员在射门时的腿部活动范围较小，导致射门失败。此外，在训练过程中还容易出现肌肉和韧带拉伤的情况。因此，运动员的柔韧性训练不仅要解决软开度问题，还要注重柔韧性的锻炼。例如，通过静态和动态的伸展运动，可以增加肌肉和韧带的弹性，提高运动员的柔韧性。柔韧素质练习举例如图 2-8 所示。

图 2-8 柔韧素质练习举例

一、柔韧素质的种类和特点

柔韧是既柔和又韧，即柔中有刚，刚柔相济。柔韧性的训练包含力量和速度的重要因素。简单来说，就是运动员在做较大幅度的动作时，不仅要有良好的伸展度，同时还需要具备一定的速度，使肌肉能够有良好的快速收缩能力。

柔韧素质通常分为一般柔韧性和专项柔韧性两种。根据外部运动状态的表现，柔韧素质又可分为动力性柔韧性和静力性柔韧性两种。

动力性柔韧性是指身体的肌肉、肌腱和韧带能够根据动力性要求拉伸到解剖学的最大限度。这种柔韧性相当于通过强大的弹性回缩能力完成规定的动作。例如，进行爆发力训练前的拉伸动作便是动力性柔韧性的一种体现。根据相关研究数据，动力性柔韧性的训练可以显著提高运动表现和预防运动损伤。因此，对于运动员和运动爱好者来说，发展动力性柔韧性是非常重要的。

静力性柔韧性是指身体的肌肉、肌腱和韧带根据静力性技术动作的要求，能够被拉伸到动作所需位置，并能保持这个状态一段时间的能力。例如，在体操运动项目中，控腿动作、劈叉动作以及体育舞蹈中的各种动作造型都需要具备一定的静力性柔韧性。

二、柔韧素质练习的内容

（一）肩、胸、腰部的柔韧性练习

肩、胸、腰部的柔韧性练习方法主要有压、拉、吊、转环、体转、体前屈、体后屈等。训练方式如下：

（1）正面面对肋木，手支撑一定高度的肋木，身体前屈压住肩和胸。

（2）背对肋木，手臂向后举，扶墙或反握肋木，进行下蹲并向下拉肩。

（3）侧身面对肋木，手握肋木，向两侧进行拉肩。保持站立姿势做体前屈动作，双手互握向后背举高，帮助者用一只手顶住练习者的后背，另一只手向下进行按压，使练习者拉伸肩和腰部肌肉韧带。

（4）悬垂，双手反握住肋木，通过双手反握住肋木进行悬挂动作。

（5）保持站立姿势，快速进行直臂向前方、向侧方和向后方绕肩。

（6）站在适当的高度做体前屈，用手尽力触碰到地面，保持双膝不弯曲。

（二）髋、腿部的柔韧性练习

髋、腿部的柔韧性练习方法主要有压、搬、踢、控、绕腿、劈叉等。训练方式如下：

（1）压腿：把腿放置在肋木上，练习直膝、胯正，可以向前方、向侧方、向后方进行压腿练习。

正压腿

（2）搬腿：保持单腿站立姿势，抬起一条腿，使其直膝、胯正，通过一定的外力，向前方、向侧方、向后方进行搬腿练习。

（3）劈叉压髋：通过保持竖叉和横叉的姿势，逐渐垫高两脚，保持上身挺直、直膝、胯正，然后通过外力向下压髋。

侧压腿

（4）踢腿：做快速正踢、侧踢、绕腿以及体前屈后踢腿的练习。

（5）控腿：控腿练习是一种锻炼腿部肌肉的方法，可以扶把杆或不扶把杆练习单腿站立，向前方、向侧方、向后方高举控腿，做体前屈后举控腿、仰卧劈叉的练习。

（三）综合性的柔韧性练习

针对柔韧性的练习，需要进一步增加训练难度，不断提高技术要求。比如，在练习时应根据训练情况增加分腿大跳、空腿落成劈叉、支撑劈叉等具有一定难度的高踢腿动作。除了上述的练习方式外，还可以柔韧操的方式进行综合性的柔韧性练习，如拉伸操、关节活动操等。在训练的同时还可以配上优美的背景音乐，练习由慢到快、动作幅度由小到大，使练习者能够保持愉悦的心情完成肢体柔韧性练习。

（1）采用高低冲击的组合步伐：例如，可以在走、跳、跑等动作的基础上，结合绕肩、扩胸、转体、控腿、踢腿、劈叉等动作进行练习。

（2）行进间单侧体前屈（矮子步）：降低重心，躯干弯曲，支撑腿弯曲，拉伸腿伸直，胸腹向膝盖处做体前屈，拉伸完成后，换腿依次交替进行。

（3）侧弓步：躯干挺直，侧向移动，一条腿尽可能伸向远处，另一条腿做屈髋下蹲动作。

（4）交叉体前屈：两腿交叉，两脚外侧相互贴紧，两臂伸直，躯干缓慢弯曲并向下做体前屈动作。

（5）屈腿伸展：右腿向后折叠紧贴大腿，右手抓住脚背，同时左手伸直举过头顶做挺胸顶髋动作，充分拉伸肩胸部及大腿前群肌肉。

（6）提拉侧搬腿：提膝至小腿与地面呈90度角，一只手抱住膝盖，另一只手抱住踝关节，提拉向胸腹贴近。

矮子步

侧弓步移动

侧向移动

交叉体前屈

屈腿伸展

提拉侧搬腿

三、柔韧素质练习的方法与要求

（一）同时兼顾主动拉伸与被动拉伸练习法

在进行主动拉伸练习时，需要根据练习者自身的力量情况将肌肉、肌腱、韧带等软组织部位做拉长训练，这是提高伸展性的主要手段。例如，在进行踢腿练习时，可以采用负重和不负重的拉伸方法完成训练。负重拉伸可以增加肌肉的负荷，提高肌肉的适应能力，如使用踝部负重器材进行踢腿训练。不负重的拉伸方法可以减少肌肉的负荷，更注重肌肉的伸展性，如使用拉伸带进行踢腿训练。此外，还可以采用静力拉伸练习方法。静力拉伸是指通过保持静止姿势进行拉伸，可以增加肌肉的柔韧性和控制能力。例如，练习杠上控腿、冲天炮的动作时，练习者需要保持固定的静止姿势，这种方式有助于提升肌肉的控制能力。通过合理选择拉伸方法，练习者可以有效提高肌肉的伸展性和控制能力，从而达到更好的训练效果。

（二）通过外力进行被动拉伸训练，提高关节的灵活性

被动拉伸训练需要借助教练或同伴才能完成练习，使肌肉和韧带得到外力的训练。例如，教练或同伴帮助练习者练习后踢腿或前踢腿的动作，使其韧带和肌肉得到一段时间的固定练习。又如，练习者借助同伴来提高高举腿的动作幅度。通过被动性的拉伸训练，扩大动作幅度范围，这种被动拉伸练习的效果不及主动拉伸练习的效果。但是，被动拉伸练习却可以提高被动柔性指标。因此，在训练过程中，主动拉伸与被动拉伸练习方式需要同时兼顾。比如，舞蹈者在地毯上能够做出最好的竖叉姿态，但是在做劈叉跳时却无法达到最佳效果，这就充分说明了两者之间的关系。

（三）训练过程需要兼顾有关联的部位

在某些训练动作中，身体柔韧性的练习需要锻炼身体的多个关节和部位。例如，对于后桥动作来说，它需要脊柱、双肩和髋关节等多个关节的参与。因此，我们需要同时练习所有关联部位，并专项训练表现较差的部位，以起到补充的作用。

（四）适度调节柔韧素质的练习强度

柔韧素质的练习强度，主要体现在用力大小、动作频率和负重三个方面。研究结果表明，针对柔韧素质的练习，不应采用太高的动作频率，频率应控制在中等或较低范围。练习者采用中等或较低频率完成训练动作，能够帮助身体延长对关节的作用时间，有效预防韧带和肌肉拉伤情况的发生。通过外力进行肢体的被动练习，外力应当不断加大，以练习者的实际感受进行调节。在训练过程中，练习者如果有肌肉胀痛或酸楚的感觉，则需要坚持一小段时间；如果感到肌肉发麻，则需要立即终止练习。练习者在使用负重练习的方法对柔韧性进行锻炼时，负重不能高于被拉长肌肉可以承担力量的50%。对于静力性拉伸负重训练，采用的负重可以相对大一些。如果进行动力性摆动的练习，则需要相应减小负重。总而言之，练习者在进行柔韧素质训练时，需要使用中等强度进行练习。有关柔韧素质的练习，其发展速度较快，但消退的速度也快。因此，针对柔韧性的训练，要做到持之以恒，使其成为一种常态化的训练方式。

（五）对于柔韧性的训练需要从儿童时期开始

儿童时期是生长发育的重要时期，肌肉和韧带具有良好的柔韧性。在此阶段开展柔韧性训练，容易达到良好的训练效果，可以长期保持这种柔韧度，且不容易消退。另外，要在12岁之前抓紧对柔韧素质的专项训练，充分提高机体的柔韧性。

第三章

专项运动身体素质锻炼方法

　　不同的运动项目对练习者的身体素质要求各有不同。将专项运动所需的力量、速度、耐力、柔韧性、灵敏性等多种肌体能力综合起来，可统称为专项身体素质。提升专项身体素质有助于练习者提高运动技巧，这是提高运动成绩的根本。专项运动身体素质练习举例如图 3-1 所示。

图 3-1　专项运动身体素质练习举例

第一节　篮球运动专项身体素质

　　篮球运动通常在激烈的对抗和近身防攻状态下进行。运动员需要具备快速奔跑、滑步、跳跃和摆脱的能力，同时还要在复杂多变的条件下完成合理合规的冲撞动作。此外，他们还需要完成准确的投篮、传球、运球、突破以及抢断、封盖等高难度的技术动作。篮球运动消耗的体能较大，运动强度也较大，因此对运动员的身体素质有较高的要求。篮球运动员的训练内容应包括力量、速度、弹跳和耐力等，辅助训练内容还包括协调性、灵敏性和柔韧性等。篮球运动练习如图 3-2 所示。下面简要介绍专项身体素质训练的内容与方法。

图 3-2　篮球运动练习

一、篮球运动体能特征

　　篮球运动是一个技术对抗项目，其关键在于快速多变。篮球运动以投篮得分为最终目标，采用攻防快速多变的速度和力量进行对抗。身体对抗训练可以提高练习者的速度和力量。速度是所有竞技体育项目的生命，也是篮球运动中有效进攻、防守和攻防转换的关键。篮球运动员只有具备较快的速度，才能占据有利地位，进行全面防守，获得抢断和投篮得分。篮球竞技项目不仅依赖于技巧，还需要运动员具备强大的体能。在篮球运动中，速度素质是获得胜利的关键。但是，运动员也需要在不断提高力量和耐力的基础之上，加强身体柔韧性和协调性的练习。因此，速度素质、柔韧素质、力量素质是进行篮球竞技项目训练的基础。

二、专项身体素质练习的内容与方法

（一）速度素质

1.练习内容与方法

（1）跑步练习，如小步跑、高抬腿跑、快速跑、突然改变方向跑等。

（2）看手势或听信号，做运球的快速起跑和急停动作。

（3）全场或半场快速运球上篮。

（4）在篮球场内设置障碍物，运动员越过障碍物做快速折线跑、变方向跑、弧线跑等。

2.注意事项

（1）在进行篮球技能训练时，需要练习者熟练运用改进跑的技巧，进一步提高自身的步伐频率。结合篮球运动的相关特点，解决启动跑和短距离快速跑的技能问题。

（2）采用对抗性和比赛性的练习方式可激发和带动练习者的积极性和主动性。

（3）在篮球训练的各个环节中，教练始终扮演着重要的角色。他们需要针对每个练习者的特点，精心设计个性化的训练方案，还要确保这些方案能够帮助练习者迅速掌握篮球动作要领，并在不断实践中提升篮球动作的流畅性。

（4）在训练时，教练应尽可能采用视觉和听觉的训练口令，以提高练习者的快速反应能力和观察能力。

（5）对于篮球运动的速度练习，要求练习者具备充足的体力，速度练习应当安排在正式训练之前进行。

（二）力量素质

1. 练习内容与方法

（1）丰富手指、手腕力量的训练方式。

①用手指撑地做俯卧撑、仰卧撑。

②使用篮球进行托球训练。

③进行铅球、实心球或篮球的提抓练习。

④双人距离 2～3 米，面对面坐下，使用指、腕的力量完成篮球的传接球动作。

⑤反握哑铃做手腕绕环或前后屈伸动作。

（2）发展上肢力量的练习方法。

①用篮球做较远距离的传球。

②用重力球运球、前变向运球、重力球运球 + 双人配合击掌。

③进行俯卧撑和倒立动作训练。

④使用杠铃进行头前、头后的推举动作训练。

重力球运球

（3）发展腰腹力量的练习方法。

①用单杠或肋木做悬垂，进行举腿练习。

②平板支撑。

③肩负杠铃，做转体动作训练。

重力球前
变向运球

（4）发展下肢力量的练习方法。

①穿沙衣或用沙袋裹腿，做跑、跳和滑步动作。

②肩负杠铃做弓箭步和两腿交换跳动作。

③肩负杠铃做半蹲、全蹲或半蹲跳动作。

④负重或不负重的下蹲走练习。

重力球运球 +
双人配合击掌

（5）弹跳力练习内容与方法。

①单脚、双脚和连续双摇跳的跳绳练习。

②单脚、双脚，连续跳台阶。

③蛙跳或三级跳、多级跳。

④在原地或在助跑中跳起后，用手触碰篮板、篮圈。

⑤腿上捆绑沙袋或是其他重物，练习各种跳跃动作，或是跳台阶。

⑥练习者跳起，在空中用单手托住球去碰篮板，在双脚脱离地面后，起跳将弹回来的球继续托向篮板，此动作连续做 10 次。

2. 注意事项

（1）在练习过程中，需要练习者对大小肌肉群着重进行练习，特别是针对下肢和腰腹力量开展专项训练。

（2）教练应为练习者制订爆发性的快速力量专项训练计划，但设计的速度和强度要适中，应采用中等力量的训练标准，可以增加训练次数，并辅以大重量的练习。

（3）针对力量训练，应结合弹跳、灵敏性、速度和篮球技术等练习内容，共同完成力量的训练。

（4）在进行负重训练时，练习者要事先做好身体和思想上的准备工作，训练时，注意力要保持高度集中，尤其是对于大重量的训练内容，要使用正确的训练动作，掌握动作技术要领，做好有效防护，防止发生意外损伤。教练还应根据不同年龄段的练习者制订专项的训练计划。

（5）在进行综合训练时，有关力量内容的训练需要放置在训练的最后部分。训练结束之后，需要对身体各个部位进行彻底的放松练习，以身体肌肉不出现僵硬为宜，使肌肉具备一定的力量和弹性。

（6）对于弹跳力的训练，需要练习者着重对腿部力量进行专项训练，做到左、右腿和双脚都可以完成起跳动作。

（7）练习者要注重起跳时的爆发力和动作协调性的练习。尤其是在进行速度练习时，需要注意身体平衡性和落地稳定性的练习。

（8）完成弹跳的练习后，需要对肌肉进行放松。

（三）耐力素质

1. 练习内容与方法

（1）针对一般耐力的训练，可以中长跑或是越野跑的方式进行。

（2）球场上可采用 8×14 米的折返跑。

（3）加速滑步，根据信号，做出前、后、左、右改变方向跑。

（4）反复快速运球上篮。

全场快速
运球上篮

（5）2～3人反复快攻短传上篮。

（6）采用比赛方式练习一对一的全场攻守。

2. 注意事项

（1）要注意培养队员的意志品质，可以在比较困难的条件下（如恶劣天气）进行训练。训练中，教练需要给队员做好思想教育，使其能够自觉参与训练，培养其刻苦品质。

（2）通过循序渐进的练习方法，逐步提升队员的反应速度，根据队员自身的训练状态和实际情况来调整训练强度。

（3）速度耐力训练需要建立在一般耐力训练的基础上进行，对于训练程度不佳的队员需要提高其一般耐力训练的强度和次数。

（4）耐力训练一般放在每次训练的最后部分，或专门组织一次越野跑训练。

（四）灵敏素质

1. 练习内容与方法

（1）两人一组进行闪躲和模仿练习。

（2）在快跑中，听到口令信号，马上做急停、急跑、后退跑、转身跑的练习。

（3）在快跑中，马上捡起静止球或是教练传的地滚球。

（4）面向墙站立，同伴向墙的方向扔球，练习者接反弹回来的球。

（5）队员练习接球动作，要学会接各个方向抛来的球，接到球之后再将球向不同方向抛出，抛球速度需要先慢后快，训练时也可以按照教练的信号完成接传球练习。

（6）练习脚步动作的转换。

2. 注意事项

（1）练习者根据教练给出的口令信号和手势动作进行灵敏性的动作练习，通过重复性的动作练习来提高运动员的判断能力和反应能力。

（2）在灵敏训练时，要求练习者能够进一步锻炼脚部和腰胯部位的灵活性，提高旋转难度，通过这种训练方式可以有效控制身体的平衡能力。

（3）针对运动员灵敏性的练习，需要将此环节设置在正式的练习内容之前，训练时，可以配合其他素质训练的方式共同进行。

（五）柔韧素质

1. 练习内容与方法

（1）十指交叉，压指、压腕，手臂用力向上伸。

（2）和同伴互相做压肩、拉肩、转肩的练习动作。

（3）俯卧撑练习。

（4）背靠墙做"桥"的练习。

（5）踝关节负重绕环练习。

（6）单手扶肋木，进行体前、后屈的练习。腰部尽量放松，膝关节不许弯曲。

（7）站在高台，并腿直立，上体前屈，用手摸地。

（8）弓箭步压腿和"劈叉"练习。

2. 注意事项

（1）针对运动员的柔韧性训练，可以将训练环节设计在训练前的身体准备活动中。

（2）运动员在进入正式训练时，用力要科学、适度，谨防身体出现韧带拉伤的情况，其动作幅度要逐步增加。

（3）练习者在身体疲劳的情况下，不能进行柔韧性练习。

第二节　排球运动专项身体素质

在任何一项体育运动中，做出相应的动作都需要具备一定的技术和身体素质。也就是说，无论做哪种技术动作，都要有相匹配的身体素质进行支撑。假如不能完成技术动作，最主要的因素是没有熟练掌握技术要点，这也与自身的身体素质有关。因此，技术和素质两者之间的关系是相辅相成的。

　　针对排球的练习，需要运动员具备良好的身体素质。排球的训练需要着重改善人体中枢神经系统和内脏器官的各项机能，让身体可以承受一定的运动量，防止事故发生。现代排球竞技运动技术在不断发展和提高，因此，对于排球防守也提出了更高的技术要求。由于排球运动技术的持续提升，同时也对运动员的训练方式和运动量提出了更严格的要求。排球运动练习如图 3-3 所示。

图 3-3　排球运动练习

一、排球运动体能特征

　　排球运动是一个技能类的集体对抗性隔网对抗项目。运动员需要具备整体力量、弹跳力、专项速度和运动耐力四大要素。首先，身体的整体力量对于排球运动员而言至关重要。整体力量包括最大力量、速度力量和力量耐力三种类型，需要在排球项目中进行综合体现。其次，弹跳力对于排球比赛的攻防对抗也是至关重要的。排球运动员需要提高弹跳能力和跳跃耐力水平，以完成快速弹跳和横向位移距离的扣篮动作。再次，专项速度是排球竞技运动的制胜关键。运动员需要具备判断准确、反应快速、即时改变身体重心的能力，并掌握各种进攻战术。同时，跳发球和扣球的效果与运动员的跳跃高度和挥臂速度有直接关系。最后，运动耐力对于排球运动员来说也非常重要。排球项目属于间歇式运动，运动员在有一定间歇时间的情况下，才能保持较为稳定的耐力，以确保弹跳高度和移动速度的稳定性。此外，运动员还需要具备抗缺氧能力和抗酸性耐受力，以便在长时间比赛中发挥出正常水平。

二、专项身体素质练习的内容与方法

（一）速度素质

1. 速度素质分类

速度是指在单位时间内完成某个动作或位移某段距离的能力。在排球运动中的速度主要是指反应速度、移动速度和动作速度。

（1）反应速度。它主要是指对各种快速来球的反应能力，也就是队员在看到球后做出相应接球动作反应的神经传递时间。

（2）移动速度。它主要是指在单位时间内身体发生位移的距离。如排球运动中若没有各类移动防守、移动进攻的配合，则较难达到技术动作的理想效果。

（3）动作速度。它主要是指运动员或练习者完成各种技术动作所需的操作时间。比如，在排球运动中，完成扣球、拦网、发球、垫球、传球等技术动作所需的速度。

2. 速度练习方法

（1）反应速度练习。

①看手势做各种折回跑或折回动作。

②队员面对墙做反弹接球的重复练习，还可以针对排球的各种不同落点、不同节奏进行防守的专项练习。

③根据其他同伴的动作做出相应的动作反应：在练习过程中，2人为一组，保持对向站姿，一个人不断向左右进行无规律移动，另一个人要根据队友的移动方向保持一致的运动，争取不让对方把自己晃开。

④反应游戏，如贴膏药、听口令做动作等。

⑤专业运动员的训练方法。

A、在快速移动过程中，排球运动员要接来自教练抛出的球，教练会根据不同力量、不同方向向其连续抛球，接球要快速准确，并为下一次接球做好准备。

B、教练将球向不同方向抛出，运动员要在球落地之前进行快速反应，并接住球。

C、教练发出口令，运动员要按照口令迅速改变训练动作，并做急停、迅速转身跑或原地高抬腿等练习动作。

D、教练将球迅速抛向运动员身边，运动员使用垫、挡、传的方式将球击起。

E、运动员以 2～3 米的距离面对墙站立，教练从运动员背后将球击打到墙面，运动员需要以最快的速度判断出球的方向，并用双手接住球，再将球传递给教练，需进行多次练习。

（2）移动速度练习。

①3 米、6 米、"米"字侧向或前后快速往返移动。

②结合排球场地练习各种移动步伐：向前小跑或小碎步跑；向两侧做侧滑步或侧交叉步跑；向后做后退跑或结合视、听觉信号做各种移动的互变。

"米"字移动

③前排移动拦网练习；不同位置助跑起跳扣球练习；1 号位到 5 号位或前后排移动防守练习。

④专业运动员训练方法

上步扣球

A、进行侧滑步移动的专项练习，训练中需要做到步幅短且步频快，并将身体重心放低，以便获得良好的训练效果。

B、运动员在训练时需要密切关注教练的手势和口令，根据指令进行跨步、交叉步、小步跑、车轮蹬的动作练习。

C、脚步快速移动训练，注意前后移动的脚步，左右滑步移动的速度要快、步幅要长，最后的滚翻动作要一气呵成。

D、根据教练的指令，2 名队员为一组，采用游戏的方式完成移动训练。

脚步快速移动

E、在特定的时间段内，运动员完成短距离快跑的练习。

（3）扣球挥臂速度练习。

①原地做扣球挥臂的动作练习，需要保持一定的速度。

②原地做连续挥臂扣球的动作，需要快速完成，掌握适中的力度。

③两人互相做对扣的动作练习，也可以单独做对墙扣球训练。

④原地进行助跑后，开始起跳扣球练习。

⑤手持标枪、实心球或是具有一定重量的物体完成掷远训练，练习出手速度。

⑥托举杠铃训练，小幅度地抖动手腕，以增加手腕力量，训练手腕的灵活度。

⑦手握小型杠铃练习扣球挥臂动作。

（4）起跳速度的练习。

①连续拦网训练，要求使用并步拦网，起跳高度要过网，保持动作的连续性。

②进行栏架、不同高度台阶的连续跳练习。

③进行单脚交替跳绳和双脚跳绳练习。

④运动员进行快速起跳的扣网练习。

⑤连续进行 3 ～ 5 次蛙跳练习，实施多组训练。

⑥通过助跑起跳摸篮筐训练，或是进行摸树叶练习。

连续拦网训练

（二）力量素质

1.力量素质分类

每个动作的完成都依赖于肌肉的收缩。肌肉收缩产生的能量即为肌肉力量。肌肉力量是身体进行各种运动和动作的动力源。根据肌肉收缩的速度和持续时间的不同，肌肉力量可分为肌肉爆发力、肌肉耐力和肌肉弹跳力三种。

（1）肌肉爆发力。它是人体肌肉产生瞬间收缩而形成的力量。在排球运动中，做扣篮的动作需要身体有强大的肌肉爆发力，具体表现在扣篮的起跳高度和扣球速度方面。

（2）肌肉耐力。它是指肌肉在收缩过程中表现出的持续能力，也是肌肉反复收缩的能力。肌肉耐力和最大肌力虽然没有关联，但是对于排球比赛的整个赛事过程，参赛运动员都需要做出百次以上的起跳动作，这就需要运动员自身具备极其强大的肌肉耐力来完成整场比赛。

（3）肌肉弹跳力。它是指身体用力蹬地之后和地面出现一定距离的能力。在排球运动中，运动员做扣球和拦网动作是获取得分的关键手段。因此，排球运动员具备良好的弹跳力，才是获胜的关键。

2. 力量练习方法

（1）手指手腕力量练习。

①手指反复握网球和传足球的练习，可以增加手指的力量和灵活性。

②用小哑铃或杠铃进行手腕屈伸练习，有助于锻炼手腕的力量。

③手指俯卧撑，可以增加手指的力量和耐力。

（2）手臂力量练习。

①手倒立或在同伴的帮助下做倒立推起练习。

②击掌俯卧撑、俯卧撑、引体向上。

③双人推小车，要求身体平直，手臂伸直。

④俯卧，固定脚尖，两只手先支撑着地，然后一只手离开地面，向身体外侧画圆圈，两只手交替进行。

（3）腰腹、背肌力量练习。

①单人徒手练习。

②实心球练习。

A、双手持球做仰卧起坐练习。

B、双腿夹球坐在地上，做举腿或绕环练习。

C、双脚夹球跳起，将球向上抛出。

③负重练习，如杠铃俯卧上体起、壶铃上体前屈起。

（4）下肢力量练习。

①负重杠铃，左右脚交替高蹬上下。

②负杠铃弓箭步前进。

③负杠铃做蹲起、半蹲起、全蹲起练习，抑或壶铃蹲起。

④连续纵跳摸高。

（5）不同形式的练习方法。

①通过身体力量进行对抗性的动作训练。这种练习方式要确保双方在力量均衡的情况下进行，属于双人对练方式。两个人同时做出肢体接触动作，借助对方不同的肌肉群进行对抗性练习，使肌肉得到静力性收缩，进而完成训练任务。

②借助身体负重的方式完成身体的抗阻力训练。采用此训练方式的目的是能够提升身体肌肉的力量，使其达到运动项目所需的技能要求。这种训练方法是通过让身体增加负荷，进行多次负重练习，可以有效刺激身体肌肉群，促进身体力量素质的提升。进行负重抗阻力训练的方式有多种，具体的负重强度和训练的重复次数需要根据练习者的身体状况和实际训练水平来确定，进行负重训练是提升身体力量素质的重要方式。

③有效克服弹性物体阻力的力量训练。这种训练方式主要凭借物体的弹性形变所产生的阻力，对身体力量素质进行训练。比如，使用橡皮带、弹簧、拉力器等，都可以进行弹性物体阻力的力量训练。

④克服自身体重的力量训练。这种训练方式是通过人体四肢的远端支撑来完成的，需要身体的某个部位来承担起整个身体的重量，开展对身体局部力量的训练，使其力量得到提升。常见的训练方式有引体向上、俯卧撑、倒立推进等。

⑤采用特殊体育运动器材进行身体力量的训练。练习者可以选择任意姿势，通过使用一些体育运动器械来帮助自己完成身体力量的训练，从而提升身体肌肉群的力量。除此之外，借助体育运动器械完成力量训练，还可以降低训练难度，帮助练习者缓解紧张的训练情绪，能有效预防运动中出现的身体损伤。例如，使用负杠铃进行蹲起、纵跳的练习，可进一步提升腿部和腹部的肌肉力量；借助实心球或者其他器械完成手部抓取练习，快速抓起并向地面推进，以此来提升手指和腕部的力量。

综上所述，在对大力量进行训练的过程中，需要根据练习者自身的实际状况来调整训练强度和训练次数，以达到刺激深层肌肉和增加力量的训练目的。关于爆发力的训练，需要进一步加快动作速度，相应减少负荷训练的次数，使用的负荷不宜太大。

3. 弹跳力练习方法

运动员的弹跳能力可以借助多样化的训练方式来提高，较为常用的方法有以下几种。

（1）选择不同高度的台阶，做单脚或双脚持续5～7次的深蹲蛙跳。

（2）单脚在原地进行交换纵跳，练习行进中的跨步跳、高抬腿等动作。

（3）连续跳跃不同高度的栏架，跳起之后，双手迅速触碰高悬物体。

（4）结合排球场的实际场地情况完成起跳动作练习，配合战术进行助跑之后的起跳训练。

（5）配合上身负重，完成腿部的下蹲、跳蹲、悬空跳、负重跳等腿部动作训练。

排球运动员的速度、力量、协调性和柔韧性等相关练习至关重要。在这些练习中，当运动员的身体作用力在瞬间出现向下的情况时，就会形成瞬间弹跳力。然而，要想达到这种弹跳的效果，运动员必须形成训练动机，并有效刺激神经系统，使运动神经产生强大的冲动力。这种冲动力实际上是神经系统向全身肌肉发射冲动信号的能力。如果身体没有向肌肉群下达这种信号指令，运动员在进行训练及比赛的过程中就无法使肌肉群进行快速收缩，也很难激发出巨大的力量。因此，为了实现既定的训练目标，必须具备运动动机，使运动神经系统能够向全身肌肉释放冲动信号。这样一来，运动员才能充分发挥出他们的潜力，并在比赛中取得优异的成绩。

（三）耐力素质

耐力是指肌肉在较长一段时间内可以进行运动的一种能力，也是人体在进行较长时间工作时所具备的一种能力。与排球运动有紧密联系的是全身耐力。排球运动员在运动和比赛的过程中，需要消耗大量的体力。因此，排球运动员要想获得良好的训练成绩，就要具备一定的全身耐力素质。耐力可分有氧耐力和无氧耐力。

1. 有氧耐力的练习内容与方法

通常情况下，需要采用运动过程中的心率对有氧训练的负荷强度进行衡量和判断，通常是将其控制在 140 ～ 170 次 / 分钟为佳。有氧运动训练常用的方法有以下几种。

（1）在公路或专用跑道上进行 10 ～ 20 分钟的定时跑训练，训练强度控制在 50% ～ 55%。

（2）选择适宜的场地完成固定间距的定时跑训练，例如，距离为 3500 ～ 5000 米的跑步训练，时间控制在 14 ～ 20 分钟，训练强度控制在 50% ～ 60%。

（3）在专用跑道上实施重复跑训练，根据专项训练要求来设置跑步次数、距离和强度，跑步距离可适当延长，但强度不宜过大。比如，800 米、1200 米的距离，训练强度控制在 50% ～ 60%，每组训练 4 ～ 10 次。

（4）在树林、公路、山坡上进行越野跑训练，最短距离为 4000 米，最长距离为 20000 米，训练强度控制在 40% ～ 50%，完成 20 分钟以上的越野跑训练。

2. 无氧耐力的练习内容与方法

（1）在原地分组开展高抬腿的间歇性训练，每组按照 10 秒、20 秒、30 秒的时间完成快速高抬腿练习，每次做 6 ～ 8 组，间隔时长为 2 ～ 3 分钟，训练强度控制在 90% ～ 95%，要求速度越快越好。

（2）练习行进间高抬腿跑和加速跑的动作转换，行进间高抬腿跑 20 米后，马上转化为 80 米加速跑。重复 5 ～ 8次，训练强度控制在 80% ～ 85%，间隔时长为 2 ～ 4 分钟。

（3）原地开展行进间车轮跑的间歇性练习。训练强度控制在 75% ～ 80%，做 40 ～ 60 次，间隔时长为 2 ～ 4 分钟。

（四）灵活素质

灵活性是改变身体部位、运动速度和运动方向的一种能力，也是快速完成一个或几个复杂动作的能力。排球运动的灵活性主要表现在：根据排球的变化方向和速度完成相应移动。在遇到突发状况时，运动员需要做出倒地起立、空中动作的变化动作，这是技术动作的互补与串联。具体练习如下：

（1）转换动作的练习。排球运动员事先在场地做好准备活动，按照教练发出的指令，快速做出相应的动作反应，并根据训练要求进行快速小步跑的练习。

（2）变向移动的练习。教练会将排球向不同方向以不同速度掷出，排球运动员需要根据球的方向顺利完成接球，再将球抛给教练，并做好下一次的练习准备。

（3）综合类的练习。排球运动员假如正在做俯卧撑的动作练习，当教练发出指令后，排球运动员要马上站起身，保持站立姿势，迅速进行10米冲刺跑练习，跑完10米之后，马上做蛙跳动作5次。

（4）大脑反应的练习。针对运动员的大脑反应练习，教练需要在日常的训练过程中不断融入有关大脑反应的练习问题，使运动员能够在潜移默化的过程中对问题进行作答，此项目的练习主要是锻炼运动员的灵敏素质。

（五）柔韧素质

柔韧性是指身体的柔韧程度，它与身体各个部位的关节肌肉、肌腱、韧带乃至皮肤活动范围大小有关。柔韧性不仅能有效发挥出身体肌肉的力量，提升技术动作水平，还能有效防止在运动过程中发生损伤事故，如扣球所需的肩关节、腰腹等部位的柔韧性。

针对排球运动员身体柔韧性的练习，一般情况下是使用静力性和动力性两种训练方式，进一步将运动员的肌肉、肌腱和韧带拉长，以获取良好的训练效果。在拉伸力量训练中，通常以运动员身体感到疼痛、酸胀为限，来进行训练内容的设计。每完成一组动作的时间要控制在8～10秒，可进行多组重复练习。在对练习内容进行设计的同时还需要科学设计动力性、静力性、主动性和被动性的训练动作，使其达到良好的训练效果。例如，针对肩、髋、臂、腿的柔韧性训练，可以使用踢、蹦、压、摆、绕环的方式来开展；针对腰部的柔韧性训练，可以使用站立体前屈、背伸、甩腰、转体、俯卧、绕环的方式来开展。

第三节 足球运动专项身体素质

足球运动员需要具备良好的身体素质和运动技能，熟练掌握具有一定难度的足球运动技巧，能够更好地顺应现代足球比赛的技术和战术要求。良好的身体素质需要通过较强的运动能力来展现，这是在比赛中获胜的关键。为了能顺利完成整个足球比赛，运动员还需要从速度、力量、耐力、协调性、柔韧性等方面来提高自己的身体素质，只有这样才能充分发挥出运动员所具备的技术和战术特点。足球运动练习如图 3-4 所示。

图 3-4　足球运动练习

一、足球运动体能特征

（一）足球比赛中运动员体能的主要表现形式

（1）运动方式有走、慢跑、快跑，其中，慢跑和快跑的运动量将随着项目的发展而逐渐增加。研究人员对甲级联赛进行相关调查后得出，运动员的跑动方式以 5 ～ 15 米冲刺跑为主。

（2）整个比赛过程应对身体体能做好科学分配。

（3）足球比赛运动员的心率范围一般为 150 ～ 200 次，平均为 156.9 次。

（二）足球比赛中运动员的主要供能特点

相关研究显示，足球运动员在比赛或在训练过程中，通常是每 90 秒就需要有大约 15 米的冲刺跑动作，而在训练中运动员的非乳酸无氧供能将发挥关键作用。

二、专项身体素质练习的内容与方法

（一）力量素质

力量素质是肌肉在进行正常工作时能有效克服内部阻力和外部阻力的一种能力。力量素质的发展与其他素质有紧密联系。力量素质能够进一步影响运动员的灵敏素质和速度素质，促进肌肉耐力的增长，因此，力量素质是身体素质的基础。人体如果没有足够的力量，就不能完成相应的技术动作。

1. 增加颈部、上肢、肩背力量的练习

（1）手持轻哑铃练习腕部的屈伸动作，每组 50 次，每次练习 3 组，做手臂上举和侧平举动作各 30 次，休息时间为 2 分钟。手持哑铃练习仰卧扩胸运动 60 次，每次练习 3 组，休息时间为 3 分钟。单杠正反体向上各练习 15 次，每次练习 2 组，休息时间为 2 分钟。

（2）两手扶住头部，当颈部进行转动时，应给予一定的抵抗力。

（3）做俯卧撑、引体向上、推小车等动作 50 次。

（4）单手或双手哑铃 / 杠铃弯举。

（5）两人对坐，两腿分开，先离心后向心，互相抛实心球。

（6）俯立飞鸟。

（7）做单臂哑铃划船动作练习。

（8）保持在健身球上的坐姿，做杠铃颈后推举动作。

2. 增加腰腹力量的练习

（1）肩负杠铃站立，练习上体屈伸、左右转体、体侧屈等动作各 20 次。做

50 次仰卧两头起或仰卧起坐，每次练习 2 组，休息时间为 3 分钟。练习 20 次单杠或肋木上举腿动作。

（2）侧卧体侧屈、侧卧双腿上举、俯卧坐体后屈。

（3）空中跳起转体、收腹头顶球。

（4）做展腹跳。

（5）肩负杠铃做上体前屈、转体。

3. 增加腿部力量的练习

（1）肩负 30 次大重量的杠铃提踵练习，每次 2 组。

（2）练习跳跃动作，如立定跳、多级跳、蛙跳、肩负杠铃连续上跳、跨步跳等。

（3）肩负杠铃做半蹲起、全跳起动作也有效。

（4）在小腿上绑沙袋，并快速摆动大、小腿，还可以借助橡皮筋增加阻力。

（5）传球、射门等技能练习。

（6）骑人提踵。

（7）弓步前进或左右脚交替上台阶，可提高下肢爆发力和协调性。

（8）悬垂举腿。

4. 增加速度力量的练习

（1）训练强度控制在 75% ～ 90%，这样可以增加速度力量。

（2）休息以身体状态完全恢复为标准，即在训练过程中需要适当休息。

（3）每组练习时长为 5 ～ 10 秒，每次重复 4 ～ 6 次，练习 3 ～ 4 组，逐渐增加训练的强度和次数。

（4）训练强度控制在 75% ～ 90%，每组练习时长为 5 ～ 10 秒，休息时长以身体状态完全恢复为标准，每次重复 4 ～ 6 次，练习 3 ～ 4 组。这些都是速度力量训练的要点。通过控制训练强度、次数和休息时长，可以有效提升运动员的速度力量水平。

5. 增加其他部位力量的练习

针对快速力量的训练，教练需要将动作速度与负荷重量配比进行科学设计，使训练能够达到运动项目的技能要求。无论是在不减慢速度的情况下，还是在不减小负荷的情况下，都要保证一定的运动速度，都需要做好练习负荷和动作速度的优化配比。该训练项目练习强度为 75%～90%，每组训练时长为 5～10 秒，休息时长以身体状态完全恢复为标准，每次重复 4～6 次，练习 3～4 组。

在肌肉耐力的训练过程中，需要进一步提高运动员的有氧和无氧代谢功能。在训练过程中，需要有意识地培养运动员对抗疲劳的意志品质和心理素质。训练强度为 60%～70%，每组训练时长为 15～45 秒，休息时长以心率恢复到 120 次/分左右为标准，每次重复练习 20～30 次，练习 3～5 组。

（二）速度素质

1. 反应速度的练习方法

（1）练习 10～30 米距离各种姿势的起跑动作。

（2）在做其他准备活动的状态下，突然进行 5～10 米的起动练习。例如，在慢跑时，快速进行起跑练习可以提高爆发力。

2. 位移速度的练习方法

（1）通过慢跑、快跑、高抬腿跑、加速跑、下坡跑、顺风跑的运动来提高步频，锻炼腿部爆发力。

（2）通过原地脚尖跑或者小步跑来增加跟腱力量和频率，以 30～45 秒为一组，间歇相等时间再进行下一组。同样的训练还可以运用在高抬腿跑和蹬墙跑中（身体用手斜撑在墙上）。

（3）短距离冲刺跑，可锻炼短距离的加速能力，一般可安排 10 米 ×8 组、30 米 ×5 组、50 米 ×3 组、100 米 ×2 组、200 米 ×1 组全速跑。

3. 动作速度的练习方法

（1）做距离为 5 米左右的挡墙连续快速踢球练习。在规定的时间内完成接运、接传动作，并对球进行快速射门练习，时间为 2～3 秒。

（2）通过听口令返身跑冲刺训练来加强反应能力，事先可以是原地提踵跑或是高抬腿跑，在听到教练的哨声后转身进行 20 米冲刺跑。

4. 速度练习的运动强度要求

具体包括以下几个方面：训练强度控制在 95%～100%，以确保训练效果的最大化。休息时间的设置应根据训练项目的强度来定，可以选择完全恢复或不完全恢复。练习 3 ～ 5 组，以提供足够的训练量。总之，通过控制训练强度、练习时间、休息时间、重复次数和组数，可以提高运动员的速度。

（三）耐力素质

1. 有氧耐力练习的内容与方法

"训练强度以每分钟心率不低于 150 次为标准"，这种训练方式有助于提高运动员的耐力，提升其最大摄氧量。具体练习方法有以下几种。

（1）持续负荷法：运动员进行有氧耐力最佳的训练方法是持续负荷法。这种训练方式主要是在训练途中没有安排休息时间，而且每次的训练负荷不得少于 30 分钟。如果是身体素质较好或是具有一定训练基础的运动员，其时间可以增加到 60 ～ 100 分钟。

（2）重复训练法：该方法在提高有氧耐力的同时，还能提高运动员的比赛技能。若训练项目具有较大的负荷，则每次训练结束后，身体应该得到充分恢复才能进行下一次的练习。

（3）横跳障碍后射门：横跳障碍物数十次，然后跑到定位足球后射门，可增强运动员的心肺功能，并结合比赛实际情况完成射门练习。

横跳障碍后射门

（4）中长距离跑：增强耐力素质能力，一般会安排 400 米 × 3 组、800 米 × 1 组、1500 米 × 1 组，3000 米、5000 米、8000 米、10000 米 等不同距离跑，也可以在野外或公园内进行越野跑，还可以定时安排变速跑练习、匀速跑与加速跑相结合的练习。注意：原则是第二天能恢复体能。

2. 无氧耐力练习的内容与方法

由于足球运动需要消耗较大的体力，因此，在比赛过程中，运动员需要切实考虑足球攻防战术的需求。对于足球运动员的无氧耐力水平有十分严格的要求，要在短时间内往返进行多次的冲刺跑练习。运动员进行无氧耐力训练时，要特别重视以下几点要求。

（1）训练的目的是让运动员的肌体通过训练活动来形成一定的乳酸值。因此，针对无氧耐力的训练要求，需要重点考虑训练强度和训练时间。一般情况下，针对无氧耐力的训练，每次的训练活动时间应该控制在 10 ～ 60 秒。如果训练时间不足，磷酸原系统的供能时间可能会被延长，但这样的延长并非由于磷酸原系统本身的时间延长，而是因为训练没有充分刺激到更高强度的能量系统。也就是说，由于训练强度不够，原本的无氧耐力训练可能会转变为有氧耐力训练，因此无法达到无氧耐力训练的目的。

（2）间歇训练法是当前在足球运动项目中，发展无氧耐力训练的高效方式。在采用这种训练方法时，需要对休息时间进行科学设定，这是达到训练目的的根本要求。练习者如果在运动时选择较长的休息时间，那么将会大大降低血乳酸值。所以，训练时要结合运动员的实际水平及自身状况，合理安排间歇时间，确保机体能够保持高乳酸值状态，这是实现无氧耐力训练目标的基本保证。

（3）为了提高足球运动的训练效果，教练还需要根据实际的训练情况，随时进行训练时间和休息时间的调整。

（4）无氧耐力训练属于一种高强度的训练活动。练习者在正式投入训练前，需要给身体做好充分的准备工作，选择正确的休息方法，不能急速停止高强度的训练过程，如果训练急停，则容易使人体出现血液回流障碍，使大脑出现突然昏厥现象。这种间歇性的训练方法常被用于无氧耐力训练当中，一般是以形成乳酸值当成基本训练的根本原则。无论采用哪种间歇训练方法，只要满足形成乳酸值的训练要求，都可在训练活动中加以应用。

（5）选择 30 ～ 60 米的距离进行多次冲刺跑；选择 100 ～ 400 米的距离进行高强度反复跑。

（6）采用 5 米、10 米、15 米、20 米、25 米的折返跑，或是短距离的追逐跑。

（7）传球往返冲刺跑练习。

（8）在规定时间内，设置不同人数的抢传球动作练习。

无氧耐力训练要求：设置练习强度为 80% ～ 90%，控制脉搏次数为 180 ～ 200 次 / 分；训练时间设定为 20 ～ 120 秒；休息过程不要求身体完全恢复，休息时脉搏通常在 120 次 / 分左右；每次练习 12 ～ 40 次，练习 1 ～ 2 组。在进行耐力训练的过程中，需要充分考虑身体的新陈代谢属性，对于训练的时间和内容要科学合理地进行设置，一般情况下，选择无氧耐力的训练方式。在训练中，如果选择了较大强度的训练内容和项目，则需要分组进行训练，并控制好休息时间。

（四）灵敏素质

灵敏协调素质是通过力量、反应、速度、协调性等素质共同组成的一项综合素质，其具备较为明显的运动项目特征。灵敏与协调性综合跑，一般要求迅速改变身体的重心，以及前进的方向，但又需要瞬时地将速度提到最大。

（1）经典"米"字跑（见图3-5）练习。

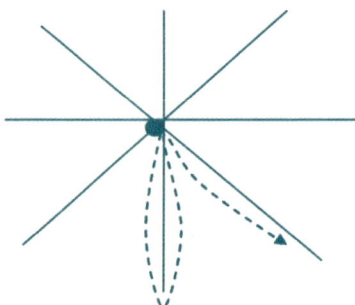

足球冲刺

图3-5　经典"米"字跑

注意：以黑点为起点，以最短的距离跑完黑点与顶点之间的距离，要求每个来回必须用手碰到地上的标记。

（2）足球长短折返跑（见图3-6）练习。

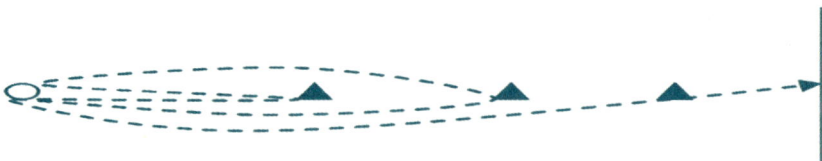

足球折返跑

图3-6　足球长短折返跑

注意：要想速度快就必须掌握迅速改变身体重心能力，可以试着摆动上肢。

（3）往返跑（见图3-7）练习。

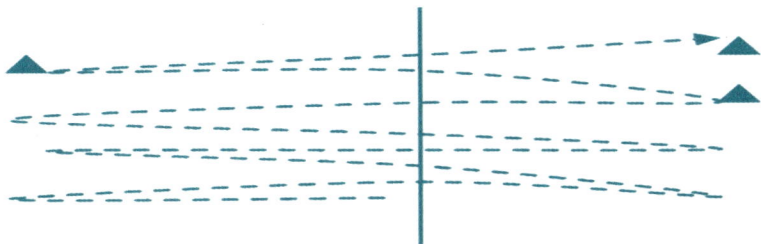

图 3-7 往返跑

（4）10～30米距离的站立式、蹲踞式、反身转向式等多种姿势起跑练习。

（5）运动员在进行快速跑或快速运球时，若听到教练的指令，则应按指令做急停、转身、变向、跳跃、翻滚等动作。

（6）用快速小步跑、高抬腿跑、下坡跑、牵引跑等跑步动作完成速度障碍突破练习。

（7）运球绕杆练习。

（8）带足球过两个障碍物射门（第二个做虚晃动作）。

（9）练习交叉步前进或后退动作，做侧向移动练习。

（10）在快速后退跑、转身跑的过程中，练习看手势变向。

（11）身体十二个部位的颠球动作练习。

带球过两个障碍物射门（第二个虚晃）

（12）翻滚与起动跑练习。

（13）运动员在运动过程中，听到指令后马上做拨、拉、扣、跳的动作练习。

（14）小范围的多人随意运球练习，应注意躲闪，防止发生冲撞。

（五）柔韧素质

（1）静力拉伸法，包括体前屈、体侧屈，正压腿、侧压腿、横劈腿，两腿交叉转体，跪压正脚背等。

（2）动力拉伸法是一种多样化的训练方法，包括前踢腿、后踢腿和侧踢腿等。这些动作不仅可以提高身体的柔韧性和灵活性，还可以通过双人伸展性动作练习增加训练的难度和挑战性。此外，使用肋木可以有效锻炼肩关节的稳定性。

（3）使用前弓步和侧弓步来完成腿部的伸展练习，另外，还可以通过纵劈腿和横劈腿两种方式做进一步的压腿练习。

（4）保持站立姿势进行体前屈下压，或是以靠墙站立姿势做体前屈下压动作。

（5）两腿交叉完成多种跨步和转身动作的练习。

（6）进行踢球、顶球、抢截球等技术动作的模仿练习。

（7）练习双腿内外颠球动作，单双腿持续练习内翻和外翻动作。

（8）使用球练习大幅度振摆腿、铲球、侧身踢凌空球及倒钩射门的动作。

第四节　乒乓球运动专项身体素质

乒乓球运动项目具有速度快、旋转强、变化多的特点。运动员在针对技术和战术训练过程中，不但要制造旋转、速度和变化，同时还要快速地应对旋转、速度和变化。所以，运动员需要具备较高的运动素质，尤其是与乒乓球运动相关的速度素质、力量素质和柔韧素质。乒乓球运动员的身体训练可分为一般身体训练和专项身体训练。乒乓球运动练习如图 3-8 所示。

图 3-8　乒乓球运动练习

一、乒乓球运动体能特征

乒乓球运动是一个以速度、灵敏和爆发力为主的有氧代谢和非周期性的运动项目。在训练过程中，技术训练是重中之重，尤其是技术和战术的综合训练。例如，乒乓球运动员需要掌握各种技术，如发球、接发球、进攻和防守等。此外，乒乓球运动还是一个高速度、高对抗的隔网比赛项目。因此，乒乓球运动员的身体训练主要侧重于专项素质训练，以提高他们的速度、力量和反应能力。

二、专项身体素质练习的内容与方法

（一）速度素质

速度素质是人体或是某一部位能够进行快速运动的能力。速度素质决定着运动项目的最终成绩。例如，一些周期性体育项目就是通过完成某段距离的时间来进一步衡量运动成绩的。速度素质也对其他运动素质有直接的影响。运动员具备良好的速度素质是运动项目获胜的关键。按照速度素质的种类进行分类，可以将其分为反应速度、动作速度和移动速度三种。

1.提高反应判断能力的练习内容与方法

（1）用拍托球或颠球，听到口令后做各种形式的变速、变方向跑，可以30秒或1分钟为一组进行练习。

（2）可选择正手攻球、推挡、搓球、扣杀、拉冲弧圈球、反手攻球等技术动作，以30秒或1分钟为一组，采用看手势或听信号的方式，进行上述各种技术动作的挥拍练习。

（3）以30秒或1分钟为一组，采用看手势或听信号的方式，进行前后左右的各种步法练习，亦可将手法和步法结合起来进行练习。

（4）采用多球或发球机，连续供球，不断变换球的落点、旋转方向和速度，练习者快速做出相应的还击动作，以100或150个球为一组。

（5）练习者在训练中要学会观察教练的手势，沿着乒乓球桌的不同方向完成滑步训练；在听到教练指令时，要马上做出急停或急跑动作；应距离墙面1.5米处站立，教练站在练习者背后使用多个球来对墙供球；练习者要连续击打从墙面上反弹回来的球；练习者根据旋转球落台反弹的方向进行原地一周转圈完成训练；练习者用沿着乒乓球台跑一周的训练方式来提高移动速度；提升多球供球速度，使练习者提高移动步伐速度。

2. 提高步法移动速度的练习内容与方法

（1）选择正手连续进攻的步法，如推挡侧身攻的步法、推挡侧身攻扑正手的步法、跳接台内球—侧身攻（拉）—扑正手的步法、左推右攻的步法、正反手削球左右移动的步法、削接长短球的前后步法等，以 30 秒或 1 分钟为一组，采用计数的方法进行练习。

（2）选择并步或交叉步，在 2.5 米的距离内，进行左右两点快速移动，以 30 秒或 1 分钟为一组，采用计数的方法进行练习。

（3）选择并步、跨步或交叉步进行左右快速移动，并用单手或双手触摸球台面端线处，以 30 秒或 1 分钟为一组，采用计数的方法进行练习。

交叉步练习

（4）用滑步依次侧向跑动边长为 2 米的等边三角形之 3 边，重复跑 3 遍为一组，做 3 ～ 5 组，也可采用计时的方法进行练习。

（5）练习者两脚站于球台左边边线延长线的右侧，听到命令后，按逆时针方向绕球台跑 1 或 2 圈，可采用计时或分组比赛的方法进行练习。

（6）快速挥拍练习，沿球台做滑步练习，捡放多球练习，多球快速左右摆速练习。

（7）原地高抬腿跑：可以 30 秒或 1 分钟为一组，采用计时、计数或比赛的方法进行练习。

（8）加速跑：可选择 30 米、60 米或 100 米的距离，采用计时的方法进行练习。

（9）折回跑：可选择 20 米或 30 米距离，采用计次、计时的方法进行练习。

（10）接力跑：可选择 30 米或 60 米的距离进行接力跑或迎面接力跑，采用计时或分组比赛的方法进行练习。

（11）跑台阶：可选择 15 ～ 30 个阶梯，进行计次、计时跑台阶或采用比赛的方法进行练习。

（12）上下坡跑：可选择 20 米、30 米或 60 米的距离进行上下坡跑，采用计次、计时或比赛的方法进行练习。

（13）双摇或高抬腿跳绳：可以 20 秒、30 秒或 1 分钟为一组，采用计时、计数或比赛的方法进行练习。

（14）左右滑步练习：滑步专项移动的方向是不变的，但腿部要用快步滑行的方式，从右到左，依次重复进行。

左右滑步练习

（15）交叉步练习：准备好迅速移动状态，使用交叉步快速移动到球的方向。先用一只脚迈出一大步，然后用另一只脚跟随移动，形成交叉状态。在移动的同时进行击球动作，这就需要协调身体各部位的移动，包括腰、髋和膝关节的转动，以及手臂和球拍的挥动。在执行交叉步时，要不断转换身体重心。

（16）反手侧身练习：乒乓球正手进攻时，一般左脚在前右脚在后，发力过程中重心从右脚转移到左脚，动作幅度较大，击球时间相对较晚；乒乓球反手进攻时，一般左脚在后右脚在前，重心从左脚转移到右脚，动作幅度较小，击球时间相对较早。

反手侧身练习

3. 提高击球动作速度的练习内容与方法

（1）正手攻，反手推（攻）；正手拉弧圈，反手拉弧圈；左推（拉），右攻（拉）；正手削球，反手削球；正反结合削球等技术动作。进行快速挥拍练习，以 30 秒或 1 分钟为一组，采用计数的方法进行练习，也可采用手握铁拍或小哑铃练习。

（2）正手连续攻（拉）的步法手法练习；左推（拨），右攻（拉）的步法手法练习；推挡侧身攻（拉）的步法手法练习；推（拨）侧身攻（拉）扑正手的步法手法练习；反手推（拨）+ 侧身攻（拉）+ 反手推（拨）+ 正手攻（拉）的步法手法练习；侧身攻（拉）+ 正手攻（拉）+ 侧身攻（拉）+ 反手推（拨）的步法手法等练习内容，以 30 秒或 1 分钟为一组，采用计数的方法进行练习。

（3）手持小哑铃做快速屈前臂动作，采用 30 秒或 1 分钟的计数方法进行练习。采用多球练习，供球者应加快供球的速度，以提高练习者正手攻球、正手弧圈球、正手削球、反手削球、正手攻（拉）+ 反手推（拨、拉）球、攻球削球结合等击球动作的挥拍速度，以 100 个球为一组，完成 3 ～ 5 组。

（4）在练习过程中，采用与专项比赛相同的动作完成练习，并需要在这项练习中能够快速重复地完成练习任务。对于重复的练习要求，需要掌握四个基本原则：教练设计的训练动作需要练习者以最快的速度完成；选用运动员较为熟练的动作技能，注意力保持高度集中；在保障动作准确性的前提下，快速完成动作练习；在训练中，不能减慢训练速度，如果速度慢下来了，就要马上终止练习。单次训练时间以 30 秒之内为宜，严格控制休息时间。这种训练方式首先要保证身体机能的全面恢复，其次是不能休息过长的时间，因为休息时间太长容易降低神经的兴奋度，对后续练习产生不利的影响。

（5）使用声响、灯光信号等外界刺激，提高运动员完成动作练习的速度。例如，用声响的快速节奏让运动员随声响节奏同步做动作。

（二）力量素质

在乒乓球运动项目中，结合乒乓球运动的特点，需要运动员具备良好的速度力量。速度力量较为突出的表现形式就是爆发力。乒乓球运动员需要具有极强的爆发力，只有这样才能在比赛中取得好成绩。爆发力是很多运动项目中决定运动成绩的关键因素。

1. 速度力量练习

（1）使用负重练习方式发展速度力量的方法。

①采用适当的负荷强度进行练习。如果负重较大，就会对完成动作的速度产生一定的影响。通常选择最大力量的 40% ～ 60% 强度为宜，这种强度大小可同时兼顾速度和力量的训练要求。在练习过程中，需要运动员尽可能多地感受最大用力和最大速度。

②练习的次数和组数。通常要求每组训练重复 5 ～ 10 次，每次训练 3 ～ 6 组。选定的组数应当以运动员不减慢动作完成的速度为限。如果出现速度减慢的情况，就要马上终止练习。

③每组训练中间的休息时间应当充分。休息时间为 2 ～ 3 分钟，时间不宜过长。如果休息时间较长，就会使中枢神经兴奋性呈现下降趋势，对接下来的

训练产生不利的影响。

④练习时，运动员的动作需要保持准确、协调、流畅，并结合专项技术动作来完成。

（2）使用不负重练习方式发展速度力量的方法。

①深跳练习。该训练方式主要用于锻炼下肢速度力量，尤其是下肢的爆发力。在训练过程中，经常采用深跳及连续不停地跳过障碍物的方式进行练习。深跳的动作练习是一种时间较长的练习方法，当肌肉进行离心工作时，能使肌肉拉长；当肌肉进行向心工作时，能使肌肉缩短，并促进肌肉在短时间内进行短促且有力的收缩，从而锻炼运动员的爆发力。在对运动员进行深跳练习的过程中，可以相应选择 50 ～ 60 厘米高度的跳台。运动员在跳下跳台之后，需要双脚落地，然后再跳上一个 100 厘米左右高度的跳台，落地时可以先用双脚脚掌撑地，再逐步过渡到整个脚底，防止因脚后跟先着地而发生脊柱或脚跟损伤的情况。每次练习 6 ～ 10 组，每组完成 6 ～ 10 次，中间休息 2 ～ 3 分钟。在此项训练过程中，教练需要科学设置跳跃障碍的高度。设计的障碍高度要以不停顿练习和连续跳过下一个障碍物为标准。在进行深跳练习的过程中，还可以选择台阶或楼梯作为训练道具，使运动员在进行连续跳的过程中增加爆发力。上述采用的练习方式既可以使用单脚，也可以使用双脚。在练习之前，运动员需要充分做好准备活动，防止发生踝关节扭伤和肌肉拉伤的情况。

②练习专项比赛性的动作。针对比赛性的动作练习，可以选择徒手或携带轻器械的方式进行练习。然而，需要注意的是，所选择的器械的重量不能超过比赛器械的重量。每次练习应包括 6 ～ 10 组，每组完成 6 ～ 10 次动作。在每组动作之间，需要休息 2 ～ 3 分钟，以恢复体力为宜。这项练习要求运动员快速有力，并且能够达到比赛所要求的动作技术水平。

2. 一般力量练习

（1）发展上肢力量的练习：俯卧撑、俯卧撑推地击掌；单杠引体向上、双杠双臂屈伸；卧推杠铃、哑铃操、单手或双手投实心球等练习内容，取本人极限的 40% ～ 70% 力量进行练习。

（2）发展躯干力量的练习：仰卧起坐、仰卧抱头起、仰卧起坐接转体、侧卧抱头起、双人仰卧抗阻屈伸腿、坐姿头上双手传实心球、坐姿转体传实心球等练习内容，取本人极限的 40%～70% 力量进行练习。

（3）发展下肢力量的练习：负重提踵、负重半蹲、负重半蹲起、单足蹲起、单足跳、双足跳、蹲跳、双人挎背蹲起、沙坑接球、跳台阶等练习内容，取本人极限的 40%～70% 力量进行练习。

3. 专项力量练习

（1）手持铁拍、小哑铃做正手攻、正手拉弧圈球、反手攻、反手拉弧圈球、正手扣杀、正手削球、反手削球等单个动作练习。

（2）手持铁拍或小哑铃做正手快点台内球—反手攻—侧身攻—扑正手攻—反手攻；反手搓—正手拉—杀高球；正手削—反手削—接短球—顶重板等成套击球动作练习。

（3）穿沙衣（绑沙袋或肩扛杠铃）做快速提踵练习，并计时、计数。

（4）肩扛杠铃（穿沙衣或绑沙袋）做左右侧滑步、左右侧跨步、左右侧交叉步或前后交叉步等步法练习，并计时、计数。

（5）手持小哑铃前臂快速弯举；正握哑铃弯举，做内旋动作或反握哑铃弯举，同时做外旋动作；手持哑铃做前臂向内与向外绕环动作，并计时、计数。手持实心球快速转体，或模仿攻球、拉弧圈球、削球等技术的转体动作练习，并计时、计数。

（6）用多球送半高球或高球，要求练习者大力扣杀，并计时、计数。

（7）锻炼上肢力量。使用轻量哑铃进行各种挥拍动作练习，如用手正握哑铃进行弯举，或用手反握哑铃进行弯举，还可以双手紧握哑铃在肩上做前臂环绕练习。为了逐渐增加难度，还可以进行手腕活动练习、前臂环绕练习，以及肩上前臂环绕练习。另外，多球扣杀半高度的练习也是锻炼上肢力量的一种方式，可以规定训练时间及板数来进行。总之，锻炼上肢力量包括各种挥拍动作的练习和多球扣杀半高度的练习。

4. 力量素质训练的基本要求

力量素质训练的基本要求：一是保持持久性的力量动作训练；二是在练习中要不断增加负重；三是对于力量的训练需要具备全面性和针对性；四是在进行力

量训练时运动员需要调整好呼吸，减少憋气的情况；五是在做完力量训练之后，要做好全身的放松练习。

（三）耐力素质

耐力素质是指人体在长时间的工作或运动状态中克服疲劳的能力。它是体现人体健康水平和体质强弱的重要标志。在乒乓球比赛中，乒乓球运动员需要具备快速反应、快速判断和移动的能力。在运动过程中，强度不断发生变化，同时也很消耗运动员的体能。据统计，一场乒乓球比赛平均持续时间为30分钟，运动员每小时消耗的热量可达400卡路里。因此，乒乓球运动员需要具备良好的耐力素质，以保持高水平的动作表现。

1.练习方法

（1）3分钟徒手挥拍练习。要求模仿发力的攻球或弧圈球技术动作，注意腰腿配合发力。

（2）在2.5米的距离内，做3分钟的左右跳步或并步移动练习。

（3）模仿各种结合技术（如推挡侧身扑正手、左推右攻结合侧身攻、正反手削球、接长短球等）动作的练习，时间为3分钟，强调手法和步法的结合。

（4）球台移动中的攻球或拉弧圈球练习，推挡—侧身—扑正手练习，削接长短球练习，以200～300个球为一组，或以3～5分钟为一组。

（5）两人在移动中轮流扣杀半高球，或做侧身—扑正手的练习，以3～5分钟为一组，完成3～5组。

（6）将两张球台并列或有一定的间隔，供球者不断地向两张球台供球，要求练习者在移动中大力扣杀，命中30个或50个球为一组，完成3～5组。

（7）针对乒乓球的耐力训练，通常选择800～1000米的变速跑，使运动员能够在3分钟内完成长短球的动作步法练习，同时进行连续扣杀动作的练习，或在3分钟内完成左推右攻的动作练习。乒乓球运动员针对耐力方面的练习，所选用的动作是原地高抬腿跑、车轮跑和小步跑等，每次进行100～150次，完成5～6组，中间休息2～3分钟；使用跳绳做单摇结合双摇的动作练习，每次练习2～3分钟，完成8～10组。

2. 运动强度的控制方法

（1）强度。训练强度对能量供应性质可产生决定性的影响，若进一步改变训练强度，就能改变能量的供应方式。在针对乒乓球的专项训练过程中，可以通过练习过程中的心率数值来判断该练习方式可对哪种能量供应系统产生相应的作用。

（2）持续时间。为了提高运动员的非乳酸无氧能力，可以安排 5 ～ 10 秒的极限强度动作练习。例如，短跑运动员可以进行爆发力训练，这样的练习可以帮助运动员在短时间内迅速达到最大的力量和速度，从而提高他们的非乳酸无氧能力。同时，在有氧能力的训练过程中，可以选择长达数小时的持续训练项目，如长跑、骑行等。

（3）间歇时间。针对乒乓球的专项训练，通常可以根据心率指标来设置中间的休息时间。当工作能力较低时，心率数值会升高；当工作能力恢复时，心率数值会降低。通常来讲，工作能力恢复和心率恢复是相一致的。通过改变运动休息的持续时间，可以有效发展不同的专项身体素质类型。

（四）灵敏素质

灵敏性，即灵活性，在乒乓球训练中指的是击球手的快速反应能力、重心不变的灵活性和判断能力的灵活性。运动员对动作应变速度的掌握将决定其灵敏度。为提高运动员的专项灵敏素质，主要方法是提高协调性。练习灵敏素质的方式包括模拟动作练习、反应速度练习和移动速度练习等。例如，乒乓球教练可以通过上抛球的假动作来训练运动员的判断能力和灵敏性。通过这种方式，运动员能够更好地应对比赛过程中的各种变化，从而提高比赛的竞争力。

（1）用并步、交叉步等步法移动，用单手或双手摸球台两端的端线，以 3 分钟为一组，完成 3 ～ 5 组。

（2）选择原地颠球、颠高低球、踢腿颠球、下蹲颠球、转体颠球、体侧颠球，以及用球拍的正面、反面、侧面颠球等练习内容，采用计时、计数或比赛的方法进行练习。

（3）远或近距离对墙击球、远近距离相结合对墙击球，以及用打壁球的方法对墙击球，采用计数或比赛的方式进行练习。

（4）用拍托或颠球快跑，最好采用分组比赛的方式进行练习。

（5）在托颠球游戏中，教练吹一声口哨，单数追双数；教练吹两声哨，双数追单数，以此类推，采用分组比赛的方式进行练习。

（6）两人一组，跑动中不断用拍相互传接球，采用比赛的方式进行练习。

（7）将学生分为若干组，每组5～8人，在球台四周将距离调好后，各组球员绕球台移动轮流击球，采用比赛的方式进行练习，看哪组击球次数多。

（8）6～8人围成一圈，1或2人站在其中抢截围圈人的传球，抢截成功后换人。

（9）原地足前部快速交替听（看）信号向同侧或异侧跨步，运用各种步法接抛不同方向传来的乒乓球。

（10）侧身躲闪乒乓球，看手势进行步法移动，并做出相应的动作。

（11）看手势或听信号，做蹲下、转体等动作。

（12）两人持拍，互相击打对方抛出的旋转球，"8"字侧身跑。

（13）球台上两球对击游戏，十字快速交换跳。

（14）交叉步侧向跑，抛球转体360度接球。

（15）练习推侧扑手步法，闭眼做各种动作，然后检查动作是否正确。

（16）左右摆速挥拍练习，多球推挡侧身攻练习。

（17）变换方向跑：以30秒或1分钟为一组，采用看手势或听信号的方式做各种变换方向跑。

（18）变向滑步：以30秒或1分钟为一组，采用看手势或听信号的方式做各种变向滑步。

（19）蛇行穿梭跑：采用计时或分组比赛的方法进行蛇行穿梭跑。

（20）花样跳绳：采用看手势或听信号的方式进行各种跳绳练习，如单摇跳、双摇跳、单足跳、双足跳、双臂交叉摇跳、向前或向后摇跳、单人跳、双人跳、多人跳等。

（21）短球碎步练习：在原地迅速做出小范围的移动，以便更好地迎接对方的球。在进行短球碎步练习时，重点是在右脚击球后，通过小碎步和垫步迅速回到原来的位置，以便准备下一次击球。

短球碎步练习

（22）一对一紧逼与摆脱游戏：两人一组，一方进行前后左右移动，另一方紧逼着进行前后左右移动。

（五）柔韧素质

柔韧素质的训练方式可以分为动力拉伸和静力拉伸两种。动力拉伸是指运动员在进行拉伸动作时，不使用外力，而是依靠自身的力量使肌肉和韧带拉长。动力拉伸是通过多次练习同一个动作，有节奏地进行，以进一步拉长身体肌肉和韧带。例如，可以反复做前屈拉伸腿后部肌肉、韧带和腰椎关节的练习。静力拉伸则需要运动员使用外力的辅助，例如，教练帮助运动员进行压腿等动作练习。通过外力的施加，运动员可以深入地伸展肌肉和韧带，从而提高身体的柔韧性。静力拉伸则是先进行动力拉伸动作，使肌肉和韧带缓慢拉长。当肌肉和韧带达到一定程度的拉长后，保持静止状态一段时间，以刺激肌肉和韧带，巩固拉长效果。动力拉伸和静力拉伸都是有效的柔韧性训练方式，可以帮助运动员提高柔韧性水平。

1. 练习方法

（1）单人徒手练习：采用体前屈、身后屈、体侧屈、体转、持棒转肩、腕、肘、肩、膝、踝关节绕环、蹲撑侧压腿等练习。

（2）双人徒手练习：采用两人背靠背的形式进行体前屈、体后屈、侧向弓箭步等练习；亦可采用两人面对面的形式进行屈体压肩，坐姿（分腿互顶）交替前后屈等练习。

（3）采用肋木、棍棒、小哑铃等器械进行压腿、摆腿、踢腿、压肩、转肩、向前弓箭步，及腕、肘、肩、髋、膝、踝等关节的绕环练习，以提高身体各部位肌肉韧带及关节的灵活性。

2. 注意事项

注意事项为：一是针对专项的训练特征，对柔韧素质的训练强度进行科学控制；二是在训练过程中针对柔韧性素质的练习应不间断；三是在正式训练之前，需要运动员充分做好准备活动，保持舒适的外界训练温度；四是柔韧素质需要从小开始训练。

第五节 羽毛球运动专项身体素质

羽毛球运动（见图 3-9）是一个对抗性强、速度快、变化多、体能要求高、强度较大的运动项目。在一场高水平的羽毛球比赛中，羽毛球运动员所消耗的体能要比踢一场足球比赛的运动员还要多。所以，羽毛球运动员在技能达到一定水平时，如果身体素质水平不高，那么将会影响其技能水平的发挥。现从力量、速度、耐力、柔韧性、灵敏性等五个方面对羽毛球运动需要具备的身体素质展开介绍。

图 3-9 羽毛球运动练习

一、羽毛球运动体能特征

羽毛球运动是对身体综合素质具有较高要求的运动项目类型。羽毛球运动员需要具备较高的体能和较强的爆发力，有快速的反应能力和移动速度。因此，羽毛球练习者需要具有良好的体能条件。根据羽毛球运动员各方面的身体素质要求，可以总结出羽毛球运动是一个对速度、力量、耐力、技巧要求均较高的运动项目。

二、专项身体素质练习的内容与方法

（一）速度素质

快速进攻是羽毛球运动的基本打法。快速进攻的目的是争取在时间上获得主动权。快速进攻战术在实战中具有重要性，要实施快速进攻，运动员的速度素质必须达到较高水平。因此，在训练过程中，运动员需要注重提高速度素质的训练，如爆发力训练和敏捷性训练，以提高反应能力。这将有助于其在比赛中能更好地运用快速进攻战术，取得更好的成绩。

1. 反应速度练习

（1）根据教练的指令，做各种起跑动作，比如站立式起跑、蹲式起跑等。

（2）听哨音，快速冲跑 10 ～ 15 米的距离。

（3）练习者在快速移动的过程中，听到信号要马上变向冲跑 10 米。

（4）重复练习听口令做快速转身跑的动作。

2. 动作速度练习

（1）跳绳练习：单摇、双摇、两脚交替跳绳。

（2）以较快速度做跑台阶练习。

（3）立卧撑的快速动作练习。

（4）20 秒一米十字跳练习。

3. 移动速度练习

（1）快速跑：进行 30 米、50 米、60 米、100 米、200 米距离的快速跑练习。

（2）两边摸线：面朝网，身体重心要低，摸完一侧迅速回动转体。练习方法是：摸两侧单打线，左右各 5 个。

两边摸线

（3）绕障碍物跑：进行跨越障碍物的快速跑练习。

（4）前后跑：向前跑 8 ～ 10 米，后退跑 8 ～ 10 米。

（5）四方跑：动作要连贯、步伐要流畅，四个点需到位；15～20个为1组，做4组，四个点随机跑。

四方跑

（6）杀上网：提高前后连贯移动的速度，步伐要大，强调前后连贯急停急转。全场或半场移动5～8个来回。

杀上网

4. 一般速度练习

（1）快速高抬腿的动作练习。

（2）跨步跳动作的快速练习。

（3）持续上坡跑和下坡跑练习。

（4）快速跑适当高度的台阶。

（5）站立式快速摆臂练习。

（6）30米、60米、100米距离的全速跑练习。

5. 专项速度练习

专项速度练习指的是在羽毛球场上，运动员进行步法移动的速度和挥拍击球的速度。具体的练习方式如下。

（1）前后往返的快速跑练习。

（2）侧身左右交叉的快速跑练习。

（3）前、后、左、右的快速滑步练习。

（4）快速击球练习。

（5）重复快速挥动羽毛球拍的各种击球动作练习。

（6）快速打墙壁、挥球拍、举哑铃的动作练习。

（二）力量素质

1. 上肢力量练习方法

羽毛球运动员实现快速挥拍的核心要素是上肢力量和反应速度。其中，针对上肢力量的训练内容显得尤为重要。主要练习如下。

（1）重复练习羽毛球掷远和掷垒球的动作。

（2）手持哑铃在身体前侧或是体侧做绕"8"字的绕腕练习。

（3）挥球拍的练习，主要锻炼前臂、腕、指的击球爆发力。

（4）手持哑铃在身体体侧做旋内、旋外的转臂动作练习。

2. 下肢力量练习方法

羽毛球运动员身体的负重主要是在下肢部位。提升下肢力量的练习可以为腿法的快速移动打好基础。主要练习如下。

（1）侧踢腿。

（2）悬垂举腿。

（3）跳台阶，单脚或双脚连续向上跳多级台阶；原地纵跳、单足跳、蛙跳。

（4）两边跳，结合突击步法和大幅度侧向跳跃的动作，进行两边跳练习。

（5）跳绳练习，如采用单腿跳、双腿跳、单摇、双摇的方式进行练习。

（6）双脚十字蹬跳。双脚并拢，以"十"字方向进行前、后、左、右的蹬跳动作练习。

（7）沙坑练习。上述训练方式可以选择在沙坑场地进行练习，以提高训练的难度和强度。

（8）负重练习。上述训练方式可以身穿沙衣、腿绑沙袋来增加负重，提高训练强度。

3. 躯干和腹背肌力量练习方法

羽毛球运动员需要加强躯干和腹背肌力量的动作练习。例如，转体扣杀动作和上网救球动作训练都要求运动员具备良好的躯干和腹肌力量。据统计，躯干和腹背肌力量的提升可以显著提高运动员的击球速度和稳定性。在此训练中，常用的训练方法包括核心肌群训练、平衡训练和力量训练。主要练习如下。

（1）屈伸练习：肩负杠铃分腿站立做屈伸练习。

（2）做徒手或负重仰卧起坐、左右体侧起坐。

（3）俯卧挺身练习：俯卧姿势，两手握紧放在背后，头部和上体做向后仰的动作；徒手或负重俯卧体后屈；凳上徒手或负重俯卧体后屈。

（4）平板支撑、仰卧起坐和俯卧撑等练习，可以有效锻炼躯干和腹背肌群。

4. 弹跳力练习方法

羽毛球运动员需要针对弹跳力着重进行训练。训练弹跳力的目的是能使运动员在空中获得更多高点击球的机会，获得高点击球的目的是能够给运动员提供更多的时间，提升进攻速度。此外，通过弹跳力动作的练习还能进一步增强运动员在场上的前、后、左、右蹬跳和蹬跨的力量。

（1）一般弹跳力练习。

①原地半蹲或深蹲姿势，重复向上跳的动作。

②单脚持续向上跳练习。

③收腹跳练习。

④练习原地或是在行进过程中的起跳、摸高等动作。

⑤在多级台阶，使用单脚或双脚连续向上跳。

（2）专项弹跳力练习。

①双脚完成前、后、左、右的蹬跳练习。

②双脚练习"十"字蹬跳动作。

③两边跳，模仿起跳突击步法的训练动作。

④运动员向后侧两边进行跳跃练习，根据后退步法的动作技巧进行练习。

⑤练习双摇跳绳动作。

上述训练方式都可以在沙坑中进行，增加负重训练难度，也可以身穿沙衣、腿绑沙袋完成训练任务。

（三）耐力素质

羽毛球是具有独特性质的运动项目，运动员需要具备速度耐力，并对无氧功能有较高的要求。研究表明，羽毛球比赛中非乳酸性无氧代谢功能的占比较大，而乳酸性的有氧代谢功能则占比较小。

1. 提高非乳酸性无氧代谢能力的练习

使用较大强度的工作持续时间为 5 ～ 15 秒，可有效训练乳酸性无氧代谢能力。训练强度可达 85% ～ 90%，持续工作时间为 30 ～ 60 秒。为了提升有氧能力，还可以采用间歇和重复的训练方法。例如，可以进行匀速或变速的练习。具体练习如下。

（1）采用 400 米、800 米长度的中距离跑训练。

（2）采用 1500 米、2000 米、3000 米长度的中长距离跑训练。

（3）选择 6 分钟、12 分钟的定时跑练习。

（4）可根据实际情况进行越野跑练习。

2. 间歇性专项步法练习

快速练习：用时 30～90 秒／组，每次 8～16 组，休息时间为 2～3 分钟；中速练习：用时 3～30 分钟／组，每次 1～6 组，休息时间为 2～3 分钟；较长时间的多种步法练习。

3. 多球练习

单项和综合技术的练习：20+40+60 个球／大组，20、40、60 小组间休息 15 秒，要求快速。大组间休息 2～3 分钟；长时间的多球练习。

4. 速度耐力练习

速度耐力指的是人体在较长时间内保持快速运动的能力。主要练习如下。

（1）一般速度耐力练习：200 米、400 米、800 米、1500 米、3000 米全速跑。

（2）较长时间的快速步法和快速多球练习。

（四）灵敏素质

羽毛球运动项目需要运动员有极强的灵敏性。在羽毛球比赛中，需要运动员用最短的时间判断对方的打球意图，根据对方的动作迅速做出正确的反应，并在运动的过程中，完成各种高难度的击球动作。在测评羽毛球运动员身体素质时，最为重要的一个项目就是要判断羽毛球运动员的灵敏性。对于羽毛球运动员身体素质的专项练习，也更倾向于灵敏性的练习。羽毛球运动员灵敏性的练习，需要刺激运动员大脑皮层的神经系统，使神经系统能够达到一定的兴奋程度和灵活程度。只有这样，才能对身体感官进行刺激，使大脑快速做出反应，并完成更多高难度的羽毛球技术动作。

1. 听觉灵敏性练习

（1）根据口令完成变向转体动作。教练使用数字来替代向前、后、左、右转的方向。练习者听到方向口令后，马上做出对应的反应。

（2）练习者需要听从口令变化而做出对应的变向跑动作。练习者在跑步过程中，会根据教练实时变化的口令来改变跑步方向。教练喊出不同的数字，练习者需要根据数字代表的方向来改变跑步方位。

（3）根据口令完成步法移动。教练采用不同数字替代步法移动区位，练习者在听到教练喊对应数字时，需要移动到对应的区位，然后快速回到中心位置，并为下一次移动做好准备。

2. 视觉灵敏性练习

（1）根据教练手势方向做出向前跑、向后跑练习。教练用不同的手势来代表向前跑和向后跑，练习者在看到教练做出的手势之后，要进一步判断教练的手势指向，并跑向教练指令的方向。

（2）根据教练的手势方向进行滑步练习是一种常见的训练方法。教练通过不同的手势表示向前、后、左、右滑步的方向，练习者需要根据教练的手势进行相应的滑步练习。

3. 其他灵敏性练习

综合跑能将多种跑步练习法和各种步法综合起来进行练习。具体如下：

（1）往返交叉步移动练习法，具体见步法的辅助练习。

（2）转体左右往返交叉步移动练习法，具体见步法的辅助练习。

（3）采用单摇、双摇，前摇、后摇的花样跳绳练习法。

（4）采用跳皮筋和踢毽子的各种花样练习方法。

（5）使用多球来练习运动员的灵敏性，主要训练速度快、难度大的击球动作。例如，对角球、左右接杀球的动作等，进一步提高练习者转体和转髋的灵敏性。

（6）灵敏接吊：注意力要集中，在球扔出去的瞬间，脚后跟离地，用脚尖发力，启动要快。以2人为一组，左右手各持一个球，主练的人判断扔球方向用接吊步伐接球，15～20个为1组，做3组。

灵敏接吊

（五）柔韧素质

柔韧素质的练习，最终的训练目的是提升身体的柔韧性和协调性。由于身体的柔韧性和协调性相辅相成，所以在训练中应该相互促进与发展。如果一个运动员身体僵硬、关节不灵活，那么在体育运动中也无法具备很强的灵敏性。羽毛球运动项目需要身体上下肢的互动配合，身体的协调性会对羽毛球的比赛成绩产生直接影响。

（六）注意事项

1. 一般身体素质练习和专项身体素质练习的关系

针对运动员一般身体素质的练习，能促进其他专项素质的提升，这也是运动员获得良好体育成绩的基础。因此，在制订训练计划的过程中，需要加强对一般身体素质训练的重视程度，将两者充分结合，共同完成训练计划。

2. 羽毛球专项素质的特点

羽毛球运动的专项素质训练特点是力量大、速度快、灵敏性强。在对其进行专项素质训练的过程中，需要按以下三个素质要求来进行练习动作的设计。首先，要对运动员的上下肢力量进行专项训练，需要进一步提升运动员的爆发力，增加训练强度。在爆发力训练的过程中，以轻量级的负重练习为主，并结合快速动作练习，这也是动力性的练习方式。例如，羽毛球运动员的上肢需要具备快速挥拍的技能，可以采用哑铃的练习方式；下肢需要具有快速的步伐移动技能，可以采用腿绑沙袋做向上跳、跳绳和高抬腿的练习。在训练过程中，应加强速度、力量和灵敏性的训练。

上述提及的素质训练方式，针对的是青少年和大学生群体，尚未对不同性别、年龄进行区分。因此，教练在面对不同等级和人群制订训练计划时，需要因人而异，根据练习者自身的情况来制订个性化的训练计划，选择科学的训练内容，有计划地实施。训练不能急于求成，要循序渐进，训练过程要做到持之以恒。

第六节　网球运动专项身体素质

网球运动练习（见图3-10）是一项持续剧烈的体育运动，要求判断快、反应快、移动快、动作快，球速和击球力度是网球运动未来的发展趋势。所以，具备较强的身体素质，有助于网球运动员更好地运用和掌握技能，并在赛事中取得较好的成绩；良好的身体素质能力，能够帮助运动员延长运动寿命，对防止发生运动损伤有重要的作用。网球运动员除了需要提高身体素质之外，还要具备发展网球专项技能所必备的身体素质，只有这样才能提高自身的网球技能。

图 3-10　网球运动练习

一、网球运动体能特征

网球运动是一个隔网对抗的运动项目，其具备战术多变、复杂、对抗激烈的特点，因此对体能要求较高。北京体育大学田麦久教授从对项群理论的研究中得出，网球运动属于以技能为主导类的隔网对抗运动项目。虽然网球战术、技术是能够提升网球运动及赛事成绩的关键，但是伴随着竞技体育项目的快速发展，战术、技术也发生了较大变化，因此对网球运动员的体能也有极高的要求。在进行网球运动时，提高身体素质是提升技能的关键，也是提高网球战术的基础。

二、专项身体素质练习的内容与方法

（一）速度素质

专项速度素质包括反应速度、移动速度和动作速度。以反应速度为例，网球选手需要快速应对对手的变化，并且，反应速度的训练方法多种多样，如对球的速度、方向和旋转进行准确判断，并迅速做出相应的反应动作。除此之外，移动速度和动作速度的训练同样重要。通过增加脚步的灵活性和爆发力，选手能更快地到达球的位置。综上所述，通过反应速度、移动速度和动作速度的训练，网球选手能够全面提升速度素质，更好地应对对手的招式，并在比赛中取得更好的成绩。具体的训练方式如下。

1. 反应速度

（1）首先在原地小步跑，然后后踢跑，最后高抬腿跑，注意力要高度集中，听到信号后起跑速度要快，行程 100 米，练习分 3 组，每组间歇 6 分钟。

（2）行进间小步跑，收到信号后，向后转体并且起跑速度要快，行程 100 米，练习分 3 组，每组间歇 5 分钟。

2. 移动速度

（1）原地进行快速高抬腿跑，一共 5 组，每组时间为 1 分钟。

（2）往返跑 50 米，计时 5 分钟；变速跑 50 米，练习 5 组，计时 3 分钟。

（3）往返跑要在球场两条边缘线内，一共 3 组，每组计时 2 分钟。

（4）网球折返跑是一种有效的训练方法。网球折返跑训练不仅可以显著提高运动员的爆发力和速度，还可以帮助运动员提高对场地的熟悉度和空间感知能力。

网球折返跑

（5）围追堵截：教练将所有队员分为 2 组，并在场地画两条平行线，两条线的距离为 2 米，队员分别站立在两条线的两侧，在与队员相距 20 米的位置画出终点线。听教练口令，当教练喊 1 时，所有队员站在原地不动。当教练喊 2 时，1 组队员要快速追赶 2 组队员，2 组队员需要马上向终点线奔跑。哪组抓获的队员最多，哪组最终获胜。当教练喊 3 时，2 组反过来追 1 组，使用相同方法进行训练。输的一组要做 20 次原地高抬腿作为惩罚。

3. 动作速度

（1）做正反手挥击动作，要求利用橡皮绳牵拉，做正反手挥拍，完整动作包括引拍、击球、随挥。

（2）对墙原地进行快速正反手击落球，可以根据自己的技术水平选择击球距离。

橡皮绳牵拉
挥拍

（3）10～30米距离的各种姿势原地起跑练习。

（4）5～10米各种活动情况下的起跑练习，如小步跑、高抬腿跑、行进间拍球跑等。

（二）力量素质

网球运动不仅需要动力性力量，更需要在瞬间发挥出最大的爆发力。运动员的击球力量主要来自腿部，通过髋、腰及肩部传送到手臂，最后传递到手掌和球拍。运动员不论是在做抽球、截球动作，还是在做挑高球、击高压球动作时，都需要协调全身的力量。由此可见，网球的专项力量素质训练是非常关键的。

1. 上肢力量练习

（1）进行腕屈伸练习时，建议使用轻负荷的哑铃。练习3组，每组50次，间歇5分钟。

（2）进行手臂上举和侧平举动作，每个动作练习3组，每组30次，每组间歇5分钟。

（3）做仰卧扩胸50次，要求手持哑铃，练习2组，间歇5分钟。

2. 腰腹力量练习

（1）做体前屈、左右转体、体侧屈，要求肩负杠铃，每组练习20次。

（2）仰卧起坐练习2组，每组50次。

（3）单杠练习20次或肋木举腿练习20次。

3. 下肢力量练习

（1）连续做提踵练习，即抬起后脚跟，要求肩负大重量杠铃，一共做2组，每组30次。

（2）半蹲起、全跳起或左右脚交替上台阶，要求肩负杠铃。

（3）全蹲起，要求肩负大重量杠铃，一共练习2组。

（4）跨步跑练习，主要是发展下肢肌肉力量。

4. 击球力量练习

（1）双手拿杠铃片，练习正反手的抽球动作。训练要点：练习者在训练中应充分体现两脚蹬地、转胯、甩肩的用力动作。

（2）练习者进行跪姿的投掷球动作练习。训练要点：保持跪立状态，双膝分开要略比肩宽，单手拿起杠铃片，保持身体上半部分的向后转动，借助向后转身的发力，把球掷出。

（3）练习转体传球动作，练习次数通常是 10 ～ 15 次，每次 2 ～ 3 组。

5. 发球力量练习

发球时，球应以接近零的速度发出，身体保持弓形状态以产生爆发力。加强这种状态下的弹力是该训练的主要目的。

（1）立姿向前投网球。训练要求：首先，双脚分开，按照前后侧身站立，这样可以增加身体的稳定性。然后，将球放置在头的后部，这样可以提高投球的力量和准确性。接着，从肩的位置向前方掷出球，通过肩部的力量和手臂的协调性，使球飞得更远。最后，球掷的距离越远越好，这可以提高投球的挑战性和训练效果。

（2）练习掷实心球。训练要求：两脚分开平行站立，双手将球置于头部后方，身体弯曲呈弓形，类似于足球的掷界外球一样把球掷出。

（3）腹肌力量的动作练习。训练要点：俯卧姿势，练习者需要抬起双手和双脚，抬起后停留数秒，再将双手和双脚慢慢放下。练习单数时，左手触及右脚；练习双数时，右手触及左脚。

（三）耐力素质

网球是球类运动中个人对抗项目。在以前的一些大型网球比赛中，经常可以看到某些运动员因为自身耐力素质不好，在比赛的中后期，出现了动作缓慢、传球速度慢的情况，影响了整个比赛的效果。事实上，比赛越到后期就越紧张、激烈，所以对于运动员的耐心素质要求也越高。发展网球运动员耐力素质的高效方式是进行无负荷或轻负荷的中等速度练习。根据专项耐力素质的训练要求，制定以下训练方式。

看手势做变换物的练习，3 分钟为 1 组，每次做 3 组；3 分钟的交叉步，3 分钟的跳绳，1 分钟结合个人特点的步法与手法的练习，在规定的范围内，无规律地变换方向和起动速度，每次进行 3～5 组；手持两公斤重的实心球练习转体、前后掷的动作练习，速度要快，每组 18 次，每次进行 3～5 组。

上述练习项目应该逐渐延长时间，增加练习的组数，所得到的耐力效果就会愈发明显。

（四）灵敏素质

灵活性指的是在控制身体平衡的情况下，能够具备减速、加速和快速转变方向的能力。而协调性则有效地综合了节奏性和平衡性，包括对特殊运动和高强度运动中不同肌肉收缩的有效控制。

1. 各种滚翻练习

多次练习前滚翻、后滚翻、单肩前滚翻、鱼跃前滚翻等动作。

2. 各种跑步练习

利用灵敏性绳梯，做各种快速跑，再做转体训练。做绳梯练习时，要规定好移动的距离和完成移动的时间，同时手握实心球，增加重量。例如，脚步灵敏性训练，设置两个障碍物，利用交叉部上步侧步围绕障碍物进行 "8" 字形跑，同时结合挥拍动作。重心应保持一致，不要随着移动而重心上下起伏。

脚步灵敏性训练

3. 跳绳练习

跳绳练习有助于提高耐力和加速动作。进行跳绳练习时，需要将身体重心放在前脚掌上，这种练习方式和网球步法非常相似。

灵敏性绳梯转体训练

上述几种训练方法主要是针对网球所需的身体素质进行训练的，可以看出，网球运动对运动员身体素质的要求是比较高的。在网球运动中，判断快、移动快、运动快和动作快是运动员的必要条件，这就意味着网球运动员需要集头脑、反应能力、速度和灵敏度于一体。在网球运动中，身体的移动和击球并不是周期性的动作，更多的是身体与大脑的灵活反应，因此，动作、速度与力量、灵敏及耐力等素质之间的关系是密不可分的。

（五）柔韧素质

在网球训练中，需要制订促进肌肉伸展和弹性的训练计划，以增加运动幅度和身体各关节的柔韧性。训练柔韧性的最终目标是提升身体各关节的灵活性和肌肉韧带的伸展性。

1. 练习阶段

针对柔韧性的训练通常包括两个阶段。首先是伸展准备期，需要进行一些重复性的活动，如快步走、慢跑、慢跳绳、自行车练习等，训练要持续，直到运动员出汗为止。其次是伸展期，具体训练内容包括颈部、肩部、三角肌、肘、腕、股四头肌、大腿后部肌肉、后背、大腿内收肌、腓肠肌、小腿前部肌肉、膝和踝关节的各项伸展活动。通过这些训练，运动员可以增强身体的柔韧性，从而减少运动损伤，提高运动表现。

柔韧素质训练主要采用超量负荷原理进行拉伸练习，如案例中的拉伸绳索。这种训练可提高关节韧带、肌腱、肌肉等组织的伸展性，增强身体的柔韧性。

2. 练习方法

（1）摆动性牵拉。冲击性伸展是一种涵盖弹性摆动动作的训练方法，通过摆动性牵拉扩大关节的活动范围。这种动作会激活肌梭，引发肌肉收缩的反射。然而，如果过度用力进行冲击性伸展，则可能导致纤维的细小损伤，甚至造成肌肉拉伤。因此，在进行冲击性伸展时，需要谨慎控制力度，以避免潜在的伤害。

（2）静力牵拉。静力牵拉和摆动性牵拉都是安全的牵拉方式，不容易造成肌肉酸痛。静力牵拉是肌肉处在被动牵拉的过程中，使其拉伸到最大范围，并保持一段时间。这种方式可以增加肌肉的柔韧性和扩大关节的活动范围。通常推荐的时间范围是 30～60 秒，每次练习 2～4 次。在练习过程中，需要结合体育运动的特点，将静力牵拉和摆动性牵拉充分结合应用。

第七节　武术运动专项身体素质

武术是古代军事战争中传承下来的一种技术。习武不仅能强身健体，还可以有效抵御敌人的进攻。武术以"制止侵袭"为技术导向，带领修习者认识人与自然、社会客观规律，是对人类物质文明进行保障的一种方式。武术运动练习如图 3-11 所示。

图 3-11　武术运动练习

一、武术运动体能特征

武术的最大特点是：不仅包括相击形式的搏斗动作，还涵盖舞练形式的套路动作。武术最初源于军事技能，逐渐发展成一类搏斗运动的体育项目。经过长期的发展和演变，武术逐渐演变为今天套路运动的主要形式。套路运动通过不断发展，逐步取代了武术在体育项目中的主导地位，并衍生出众多的流派和形式。根据不同的武术拳种和类别，套路的形式各异，有长有短、有刚有柔、有徒手练习，也有使用器械的练习，还有单人练习和对练。通过套路练习，人们不仅能够促进自身素质的全面发展，还能够培养个人的意志、品质。

二、专项身体素质练习的内容与方法

武术专项素质训练和一般素质训练是相辅相成、不可分割的，相对来讲，专项素质更有助于武术技术的提高，但若没有一般身体素质做基础也是不行的。下面介绍几种武术专项素质的训练及方法。

（一）速度素质

速度训练，一般采用 15 米冲刺跑、30 米折返跑，60 米和 100 米加速跑等方法。由于武术套路演练有时会突然加速，突发性强，而且是整体性运动，因此，采用这些方法是比较可行的。

（二）力量素质

1. 上肢练习

上肢练习可采用俯卧撑、举哑铃等；练习时，在正确的动作要求下，尽量加快速度，练习组数由个人的臂力大小决定。如俯卧撑 10 个 /5 组、引体向上 10 个 /5 组；抓、提、举一定重量的物体（如石担、石锁、哑铃、壶铃、沙袋等）。

2. 躯干练习

躯干练习主要是练腹肌、背肌，通常采用的方法是，练腹肌用仰身两头起，仰卧起坐带转体，20 次 /3 组；练背肌用背身两头起，还可以 2 人为一组，一人压住一头，另一人一头起的辅助方法进行练习。在正确的动作要求下，加快速度进行练习。每做完一组后，可做一下控制力量练习。

3. 下肢练习

下肢练习主要有下蹲起跳（如扛杠铃等）、原地纵跳和立定跳远等。这些方法主要是提高大腿骨四头肌、小腿后群肌和踝关节的爆发力。武术套路是一个多跳跃、翻腾等动作的练习，下肢动作应具有极强的爆发力，而且动作幅度很大，因此，下肢必须发达才能使动作不走形。具体练习如下。

（1）正压腿：支撑脚，脚尖朝正前方，双手抓脚尖，朝额头的方向靠近。

正压腿

（2）正踢腿：一只手抓栏杆，另一只手亮掌。身体直立，支撑腿直立，摆动腿、脚尖踢向额头，落回。

正踢腿

（3）前举腿蹲起：一只手抓栏杆，另一只手抓脚尖。屈膝下蹲再站起。身体直立，支撑腿大腿发力。

（4）马步跳：双脚并步站立，直立向空中跳起，落地时分腿成马步。身体中正，双腿呈直角状态。

前举腿蹲起

4. 弹跳力练习

武术运动员应具有一定的弹跳力，因为武术套路动作中有许多跳跃、翻腾动作，如飞脚、旋风脚、前后空翻、侧空翻、旋子等。如果没有一定的弹跳力，跳不起来或者跳得不到位，就会影响动作的美观度。另外，在演练武术动作时，讲究一个个组合动作能一段

马步跳

段地完成，一个跳跃或翻腾动作不能单一出现，动作的前后要有其他的连接动作，如果没有一定的弹跳力，势必会影响前后动作的连贯性及演练效果。因此，弹跳力是武术套路演练中一个非常重要的专项素质。除了前面介绍的一些一般身体素质练习的方法之外，弹跳力练习还可结合专项动作进行练习，比如腿上绑沙袋做飞脚、旋风脚的练习，或者进行教练手抄式的辅助跳跃动作练习等。

5. 爆发力练习

武术的爆发力是特别突出的，武术动作实质性的要求就是要有攻防，一个动作包含进攻和防守。如果缺乏力量和速度，就谈不上攻防含义的表现，比如冲拳、打拳，没有速度和力量就失去了它们动作的意义，又如在演练对练时，要做到演练逼真、随心所欲。如果没有速度和力量，那整个套路动作就会变得枯燥无味，毫无生机。综上所述，爆发力对武术套路动作来说是极为重要的，可结合专项动作进行针对性练习，比如快速踢腿、连续乌龙盘打、冲拳打沙包、踢沙包、绑沙袋等。

（三）耐力素质

耐力训练，一般采用800米变速跑，1200米、1500米、3000米、5000～

10000 米（45 ~ 60 分钟）长跑，500 ~ 10000 米游泳，100000 米骑行等方法。武术套路动作一般要求在 1 分 20 秒左右完成，即在这 1 分 20 秒之内要完成高强度的运动量。因此，它是一种有氧代谢和无氧代谢相结合的运动。这种耐力训练方法，可提高心脏器官的承受力，为完成整套技术练习创造一个良好的身体耐力的条件。除一般身体素质耐力练习外，还要结合专项耐力练习，大多采用整套连续性练习方法来提高专项耐力水平，也可采取以段落为内容连续重复几遍的方法进行耐力练习，只有使身体各机能达到一定的承受力，才能符合专项的需要。我们在观看比赛或表演时，经常会看到运动员在演练前半套时体力还不错，动作也能做到位，套路动作演练也流畅；而在演练后半套时就有体力不支，练不动的感觉，且气喘吁吁，严重的还会出现短暂眩晕、休克等现象，这说明运动员的体力耐力不行，需要加强身体素质方面的训练。

（四）灵敏素质

1. 单脚平衡
单脚站立、后俯，练习 5 分钟。

2. 动态平衡
单脚跳 20 个 /10 组。力量、平衡和灵敏训练每周不少于 3 次，并且在长跑之后完成。耐力训练长跑每周不得少于 4 次，且需长年进行，不可间断。每次训练时间以 1.5 ~ 2 小时为宜，既要有强度还要有密度，如果没有超强的动力，运动神经系统就没有超强的冲动。

（五）柔韧素质

武术动作需要身体具备一定的柔韧性，故应注重柔韧练习。如肘、肩、腰、胯、腿、踝等部位，在做每一个动作时都需要柔韧性。比如，乌龙盘打，主要体现抡臂转腰的动作，如果没有肩、臂、腰的柔韧性，这个动作做起来不仅抡不圆，而且速度也会受影响。在武术套路动作演练中，有许多腿部的动作，如正踢、侧踢、弹腿、后撩腿等，如果没有腿的柔韧性，就踢不起来，且影响速度，又容易受伤。又如，踝关节的柔韧性也是非常重要的，如果踝关节僵硬，就会直接影响弓步和其他步型，做起弓步冲拳就会出现拔脚跟，虚步下不去等情况。总之，柔韧性在武术演练中是极为重要的一种专项素质。这就要求练习者在平日的训练中多做一些柔韧性方面的练习。

第八节　操舞运动专项身体素质

健美操、街舞、排舞（以下简称操舞）是以有氧运动为基础，伴随着背景音乐，以运动员的柔韧、力量、操化动作和难度动作为主而完成的成套动作。操舞是具有展现连续、复杂、高强度的一项运动。操舞运动练习举例如图 3-12 所示。它是运动员在规定时间内伴随着背景音乐，不间断地做出不同空间、不同强度以及富有创造性的、高难度的一套力与美完美融合的动作，体现出健、力、美的特色，极具观赏性。

图 3-12　操舞运动练习举例

一、操舞运动体能特征

操舞运动重点展现的是"健、力、美"的运动特点。动作流畅、协调，具有弹性动作特点。研究表明，操舞运动可以显著提高身体的柔韧性和协调性，使练习者的动作更加流畅和优雅。操舞练习不仅能锻炼身体，增强体质，还可以培养审美意识和提高艺术修养。此外，操舞运动有助于培养运动员健美的体魄、高超的技术和充沛的体力。例如，在最近的一场健美操比赛中，运动员们通过精湛的动作和协调的配合度，给观众留下了深刻的印象。这充分展示了健美操运动的"健、力、美"特征和艺术性。综上所述，操舞运动是集体操、舞蹈、健身和娱乐于一体的体育项目，也是一种有氧运动。该运动的特点是，长时间、中低程度的全身运动，是有氧耐力素质练习的基础。因此，操舞运动要想取得理想的锻炼效果，必须科学安排练习时间和次数。

二、专项身体素质练习的内容与方法

（一）速度素质

速度素质是身体的各部位快速运动的能力，主要表现在反应速度、速度力量和力量耐力三个方面。专项练习的内容有：

（1）规定距离、规定时间内的折返跑。

（2）变速跑。

（3）跑楼梯。

（4）快速俯卧撑。

（5）连续快速的团身跳/屈体分腿跳。

（二）力量素质

力量素质是人的基本素质之一，根据力量的表现形式，可将其分为相对力量和绝对力量。专项练习的内容有：

（1）直角/分腿支撑。

（2）倒立行走。

（3）贴墙倒立。

（4）借助拉力带练习上肢向各方向举的动作。

（5）仰卧，借助拉力带左右腿交换依次上举；仰卧起坐、仰卧两头起。

（6）仰卧/肋木举腿。

（7）前摆腿俯卧撑。

前摆腿俯卧撑

（8）平板支撑。

（9）复合姿态跳。

复合姿态跳

（三）耐力素质

耐力素质是指机体保持长时间运动的一种能力。其主要练习方法包括重复练习法、持续练习法、间歇练习法、循环练习法和变换练习法。专项练习的内容有：

（1）600米加速跑。

（2）连续的跳跃动作。

（3）连续的俯卧撑动作。

（4）连续的托马斯全旋动作。

（5）连续的直角/分腿/组合支撑转体动作。

（四）灵敏素质

灵敏素质是指机体在突然变换的条件下能快速做出反应的能力。它能表现出人的协调性和灵活性。专项练习的内容如下：

（1）上肢、躯干、下肢相互配合地跳跃。例如，转髋单腿/并腿跳，双手胸前平屈（可变换不对称手臂）；助跑屈腿蹬腿跳（在做屈蹬跳时加手臂动作）。

（2）各种姿态的舞步。例如，绕膝行进（双手叉腰，左腿向前一步，右腿以膝为轴向内或向外绕环，左右脚交替行进）。

（3）上步转体侧顶髋（左右脚依次提踵上步，转体360度后，一腿向侧边迈出成弓步，顶髋）。

（4）蚂蚁爬（俯撑，左手右脚/右手左脚向前移动）；大象爬（分腿俯撑，屈臂、立腰，左手右脚/右手左脚向前行进）。

（五）柔韧素质

柔韧素质是指机体各个关节参与活动的幅度大小，肌肉、韧带的弹性和韧性。主要的练习形式有动力性和静力性两种。专项练习的内容有：

（1）压腿（弓步压腿、借助把杆/肋木压腿、纵劈腿、仰卧压腿等）。

（2）搬腿与控腿（站立 / 仰 / 俯卧搬前、侧、后腿）。

（3）踢腿（把杆踢腿、行进间踢腿）。

（4）体前屈（站立 / 坐位、分腿 / 并腿）。

（5）压肩（站立手臂上举后展肩、体后十指交叉上提肩、俯卧压肩）。

（6）吊腰、下桥等。

（7）直立坐姿举腿。

搬腿与控腿

直立坐姿举腿

第九节　跆拳道运动专项身体素质

跆拳道运动的身体素质包括一般身体素质和专项身体素质两种。一般身体素质训练是有效提高运动员身体健康、改变身体形态、促进各器官系统机能水平的重要练习方式，同时也为专项训练奠定了基础。研究表明，力量训练可以提高跆拳道运动员的爆发力和攻击力，柔韧训练可以增加运动员的灵活性和动作幅度，速度训练可以提高运动员的反应速度和技术执行速度，耐力训练可以增加运动员的持久力和耐力，灵敏性训练可以提高运动员的敏捷性和动作协调性。因此，在跆拳道动作练习过程中，需要确保完成力量、柔韧、速度、耐力和灵敏性的训练要求。研究还发现，经过专项身体素质训练的跆拳道运动员在比赛中能表现出更好的技术执行能力和身体控制能力。跆拳道运动练习举例如图 3-13 所示。

图 3-13　跆拳道运动练习举例

一、跆拳道运动体能特征

跆拳道运动体能特征如下。

（1）以腿法为主，拳脚并用。

（2）跆拳道的技术占比中，腿法占 70%。

（3）跆拳道的动作要领是，以技击格斗为核心。首先，力量的大小对于能否击中对手至关重要。例如，世界冠军李小龙的一记高踢，曾以每秒 60 公里的速度击中对手的下巴。其次，出腿速度的快慢决定了在对手反应不及时的情况下是否能够成功击中对方。最后，击打效果的好坏取决于能否准确地击中对手的要害部位。为了检测练习者的功力，击破力成为主要的检测指标。练习者需要使用拳脚来击碎木板，通过击碎木板的厚度来判定他们的功力。这样的检测方式能够直观地反映出练习者的实际击破力。

（4）强调呼吸，发声扬威。跆拳道的训练需要练习者展现威严震慑的气势。他们通过发出威慑力十足的声音，彰显自身的力量。

（5）跆拳道练习者在任何场合下都需要以礼相待。训练活动始终以礼开始，以礼结束。例如，每次进入训练场地前，练习者都会向教练行礼致敬。这种礼仪训练的目的是培养练习者谦虚、友好和忍让的品质。根据一项研究，跆拳道练习者在道德修养方面往往能表现出更高的水平。因此，跆拳道的礼仪训练是必要的。

二、专项身体素质练习的内容与方法

（一）速度素质

在跆拳道运动中较为重要的是速度素质，特别是在跆拳道比赛中，速度素质发挥的作用极为明显。跆拳道运动员的速度素质主要是通过反应速度、动作速度，并凭借攻防动作和战术意图对其进行综合展现。在速度素质的训练过程中，要凸显的是跆拳道运动员的反应速度和动作速度。所以，在动作训练过程中，需要特别关注运动员速度训练的相关要求。

1. 反应速度练习

（1）听到指令后，能够迅速做出反应，这是运动员训练的重点，可按照教练或同伴的击掌口令来完成相应动作的训练，如横踢、侧踢、旋踢等。此外，运动员还可以通过指令完成前进、后退、奔跑等动作的练习。

（2）在训练过程中，我们可以采用分解法和变换法来进行动作练习。分解法旨在通过分解动作来提高运动员的反应速度，适用于简单动作的训练。例如，对于左臂内格防守的动作练习，可以让运动员先练习右势站立，然后使用左臂进行内格挡防守，接着顺势跳换成左势站立，最后使用右脚进行后踢反击。这样的练习能够提高出腿速度，使运动员更加灵活和敏捷。变换法是根据动作的强度来改变训练方式。例如，通过实战的方式来缓解运动员的紧张情绪，提高其对简单动作的反应速度。这种方法可以增加训练的多样性，使运动员在不同情况下都能灵活应对。

（3）针对复杂动作的反应速度练习，包括参加实战或是以邀请赛、友谊赛、对抗赛的方式完成相应动作的练习任务。以跆拳道为例，该运动项目需要通过实战练习来判断运动员腿法和动作的准确性和高效性。只有在实战演练中，运动员才能得到有效证实。因此，运动员需要按照教练设计的训练任务进行实战对抗的动作练习。在实战对抗中，运动员需要根据复杂动作判断反击速度和时机，以提高对复杂动作的反应速度。这是高水平跆拳道运动员必须掌握的技能之一。

2. 动作速度练习

动作速度取决于运动物体或人体的其他能量，比如力量、耐力、协调、技术、速度素质等因素，提高动作速度需要紧密结合速度耐力的训练。在跆拳道实战中，运动员不但要快速完成技术动作，同时还要将这种能力持续到比赛结束。所以，对于动作速度的耐力训练是极为重要的。针对跆拳道的动作速度训练，需要采用多种方式进行，并且围绕提高动作速度来专门设计动作速度的训练内容，可以采用冲刺跑和中高速跑的方式来加强训练。例如，可以选择不同距离（如 30 米、50 米和 100 米）跑，以提高运动员的加速度和冲刺速度。这种训练方式对于提升运动员的身体耐力素质非常有效。此外，针对速度耐力的训练，还可以采用200米、300米和400米跑，让运动员在高速度的训练中感受到自身的速度耐力。

通过使用加速跑、下坡跑和后蹬跑等练习方法，可以有效训练不同状态下的动作速度。例如，教练可以将具有不同特点的两个或三个动作组合在一起进行训练，以提高运动员对不同动作速度的适应能力。又比如，在进行左横踢、右横踢和转身左后旋踢的组合动作练习时，可以继续加入左腾空、左前劈腿和右侧踢等动作，将原地旋转和腾空动作进行结合。一旦动作熟练，运动员就能提高不同形式的单个动作速度，从而提升整体动作速度。

（二）力量素质

跆拳道是一个力量和全身协调能力综合发展的格斗项目。跆拳道练习者需要具备较强的力量素质，且力量素质与其他素质密切相关。一项研究发现，跆拳道运动员的力量素质与其速度和爆发力呈正相关关系。另外，力量素质也是评估跆拳道运动员运动水平的重要指标。

1. 力量素质训练要求

跆拳道运动项目并不需要膀大腰圆类型的运动员，而是更倾向于质量型和瘦高型的。跆拳道运动对肌肉质量有极高的要求。在跆拳道专项力量素质的训练过程中，需要结合实际项目标准来进行训练，以提高运动员的爆发力和灵活性。这样可以进一步满足跆拳道竞技比赛的项目要求，如快速踢腿和灵活的身体转移。

2. 力量素质训练的重要性

跆拳道是一个综合格斗项目，旨在全面发展身体的协调性。在训练中，运动员需要具备高水平的力量。研究表明，跆拳道运动员的腿部力量与踢击技术的表现密切相关。此外，力量训练还有助于预防运动员在比赛中的受伤。因此，力量素质的训练是跆拳道运动员提升技术水平的重要基础。

3. 力量素质训练方法

（1）上肢力量。

①俯卧撑是一种常见的身体运动。在做俯卧撑时，身体要保持伸直状态，

用脚尖和手掌支撑，且身体不能接触地面。每次双臂屈伸算作1次俯卧撑。一般建议每组做15～30次，每次做5组。在手臂弯曲时，胸部需要触地；伸臂时，肘关节要完全伸直。为增加训练难度，也可以握拳或十指撑地。每组训练后，需要休息3分钟。

②哑铃臂屈伸：两脚左右开立，与肩同宽，两手反握哑铃，两大臂贴近身体两侧。哑铃放在大腿前侧，做两小臂屈伸动作。哑铃重量为15～10公斤，每组练习10次，一共练习5组，间歇3分钟。

（2）下肢力量。

①做负重换脚跳动作练习：每次做6组，每组30次，负重25～50公斤。

②做负重高抬腿动作练习：每次做6组，每组30次，负重20～35公斤。

深蹲前踢爆发

③深蹲前踢爆发：站姿与肩同宽，脚尖呈30度外展、膝盖外展，屈膝与脚尖方向一致、保持脊椎中立位，并下蹲。起身抬腿脚由提膝带起发力，同时踢出。完势收腿下蹲接替另一边前踢。

④深蹲提膝爆发：站姿与肩同宽，脚尖呈30度外展、膝盖外展，屈膝与脚尖方向一致、保持脊椎中立位，并下蹲。起身，将抬腿脚提膝向胸口抬起发力。完势下蹲接替另一边提膝。

深蹲提膝爆发

⑤马克操：支撑脚绷紧，抬腿脚的大腿与小腿要夹紧且抬高过腰部。交换脚时，应保持一定距离，在进行抬腿的同时加入垫步的动作，即在抬腿脚抬起时进行垫步。

马克操

（3）综合力量。

①俯卧撑跳是一种锻炼身体的高强度运动。具体操作方法如下：首先，以双脚脚尖和双手撑地，完成一次标准俯卧撑。接着，屈髋并收腹，将双脚迅速收回到双手的中间位置，然后用力蹬地起跳，使身体迅速腾空。每次训练可重复进行15～30次，每次完成3～5组。在每组之间需要休息3分钟，以便身体得到充分恢复。这种训练方法不仅能增强上肢和核心肌群的力量，还能提高爆发力和耐力。

②收腹跳是一种锻炼身体的动作。在进行收腹跳时，首先要保持身体的直立状态。然后，两脚同时蹬地，进行原地起跳，使身体腾空。伴随着蹬地动作，两脚迅速屈膝上提，两手紧抱双膝。随即放下身体，重复练习 15～30 次，每次完成 3～5 组，在每组练习之间需要休息 2～3 分钟。坚持收腹跳练习，可以有效锻炼身体。

其他要求及注意事项如下：

①需要根据自己的实际力量基础和掌握的技术能力合理安排训练计划。在训练过程中，要将大肌肉群和小肌肉群的力量综合起来共同完成训练任务。

②在跆拳道力量训练过程中，要与身体的其他素质交替完成训练任务，防止出现肌肉僵化的情况，要保持肌肉弹性。

③在比赛前的 10 天之内，不宜进行极限重量过大的肌肉群练习。

④练习以速度力量为主，力量耐力和相对力量为辅。

（三）耐力素质

跆拳道是一项综合性竞技体育运动，要求练习者具备多项运动素质。其中，速度耐力和力量耐力是关键。速度耐力要求练习者在比赛中保持充沛的体力，能够高效地运用技术和战术。力量耐力要求练习者在激烈对抗中有效地防守和进攻。跆拳道的综合性和对耐力素质的高要求使其成为一项受欢迎的竞技体育运动。

1. 有氧耐力练习

（1）3000～8000 米的匀速跑。心率控制在 130～150 次 / 分，匀速跑完全过程。

（2）越野跑可以在公园、山川、草地等进行，此外，越野跑的时间应保持在 30 分钟以上，以确保充足的运动量。同时，心率应控制在 150 次 / 分左右，可以有效提高心肺功能。

（3）10 分钟跳绳练习：要求在 10 分钟内保持跳绳频率不变，在这个过程中，可以改变跳绳方式，比如单脚跳或双脚跳。

2. 无氧耐力练习

（1）距离为 30 米、60 米、100 米的冲刺跑练习。

（2）距离为 400 米、800 米的变速跑练习。

（3）两人一组，练习踢脚靶动作。

左右横踢

（4）左右横踢各 15 次 / 组，做 3 组。

（5）单腿横踢，次数逐渐减少。

（6）跳踢，次数逐渐减少。

3. 三人组脚靶练习

（1）横踢。

（2）劈腿。

（3）后踢。

（4）后旋踢。

（5）双飞踢。

（6）实战模拟对抗训练。

（7）移动靶 4 分钟 ×4 组，中间休息 40 秒。

（四）灵敏素质

跆拳道运动所具备的灵敏和协调素质，指的是运动员能够在各种复杂变化的环境下，做出合理、敏捷、迅速、协调的动作。例如，在比赛过程中，运动员要反应迅速，并做出准确的踢击动作，以击败对手。

1. 练习方法

（1）根据教练指令完成动作练习。例如，练习者保持坐姿或站立姿势，听到教练的指令后，马上跑到指定位置。

（2）通过单双腿跳、前后分腿跳、并步前踢跳的方式，不断变换动作练习方式，训练身体的灵敏性和协调性。

（3）步法练习，设置训练障碍物，使用各种方式练习步法移动，训练身体的灵敏性和协调性。

2. 注意事项

（1）运动员的灵敏性、协调性与其他身体运动素质存在紧密联系。因此，在训练过程中，也要配合其他素质的练习共同进行。

（2）对于灵敏性和协调性的训练时间，需要控制在合理范围内，不宜采用重复次数较多的训练方式。不宜在疲劳状态下进行训练，这会影响运动员的灵敏性和协调性。

（3）灵敏素质和协调素质的提升，对于运动员掌握和改善动作技术具有促进作用。加强灵敏素质和协调素质的训练，能提高练习者的技术水平。因此，要将灵敏素质和协调素质的训练贯穿整个训练计划，要对训练计划做出合理安排，以提高训练效率。

（五）柔韧素质

跆拳道运动以踢法为主，对腿部力量要求较高。为了满足这一要求，跆拳道运动员需要加强腿部和腰髋柔韧性的训练。为了锻炼腰髋部和腿部的柔韧性，有两种方式可采用，即主动练习法和被动练习法。主动练习法要求练习者通过自身力量拉长肌肉，以提高身体各关节的灵活性和柔韧性。例如，通过进行腿部伸展运动，如高抬腿和侧踢，可以增加腿部肌肉的柔韧性。被动练习法则需要他人的辅助，帮助练习者拉长肌肉，增加关节的活动幅度。

1. 腿髋部柔韧性的练习方法

（1）正压腿：采用正压腿的方式是为了能使练习者的腿后部肌肉的柔韧性得到锻炼。练习者可以正面面对横木，保持站立姿势，抬起一条腿，将其放置到横木上，此时需要绷紧脚尖，将两手放在抬高的这条腿的膝关节上，保持腰背直立，双腿站直，将髋关节摆正。需要上体保持前屈，并做向前、向下的压腿练习，左右腿交替练习。

动作要点：进行正压腿时，需要保持双腿的直立姿势，腰背挺直，身体做前屈动作；进行压腿动作练习时，压腿的轻重程度需要逐渐增加，练习的标准是做到用下颚触及脚尖为止。

（2）侧压腿：侧压腿练习的重点是，锻炼腿内部的肌肉柔韧性。保持身体站直姿势，站在横木一侧，将一条腿搭在横木上，横木上的脚尖保持绷紧状态，两腿站直，腰背挺直站立。身体上部分从侧方进行侧压腿，一条腿做完换另一条腿，交替练习。

动作要点：进行侧压腿时，需要练习者身体保持直立状态，躯干、腰背挺直，压腿的轻重程度需要逐渐增加，髋关节正对前方。

（3）后压腿：采用后压腿的方式是为了锻炼腿前部肌肉的柔韧性。保持身体直立的站姿，站在横木前，背对横木，将一条腿从后方搭在横木上，另一条腿作为整个身体的支撑。搭在横木上的脚背要绷紧，身体保持直立状态，继续做身体向后仰的压腿动作，左右腿交替练习。

动作要点：后压腿要保持两腿膝盖绷紧，身体保持站立姿势，支撑腿要脚掌全着地，并站稳。胸膛挺起，展髋，后压腿的轻重程度需要逐步增加。

（4）弓步压腿：主要是锻炼腿后部肌肉和髋关节的柔韧性。训练时，需要使用一条腿做屈膝支撑，而另一条腿要伸向前方，保持腿部绷直，前方腿需要脚跟着地，使脚尖绷紧上翘。练习者需要两手抓紧前伸的脚，此时的上体要进行前俯的压振练习。两臂用力拉前脚掌，尽量保持头顶或下颚接触前脚尖。休息几分钟后，继续换腿进行练习。

动作要点：直背挺胸，髋部向下压，腰部绷紧，重心在两腿之间。

（5）仆步压腿：主要锻炼大腿内侧和髋关节的柔韧性。训练方法是：站姿预备，两脚与肩同宽，左腿屈膝全蹲，左脚掌着地，右腿挺膝伸直，内扣脚尖，做远伸动作。之后，上体站立，将身体重心从左脚移到右脚，可将一只手扶地，另一只手按压膝盖，也可以同时抓住左右脚，做向下压振，或左右移动身体重心的动作。

动作要点：挺胸塌腰、下振动作和左右移动。在进行下振动作时，逐渐增加用力。

（6）竖叉：提高大腿前侧、后侧和髋部的柔韧性练习。训练方法是：双腿分开，呈一条直线，前腿的后脚跟、小腿腓肠肌与大腿后肌群紧压地面，前脚尖紧钩上翘，正对前方；后腿脚背、膝盖与股四头肌紧贴地面，后脚尖指向正后方；髋关节摆正位置，与两腿垂直，臀部紧压地面，上体保持正直。

动作要点：腰背挺直，两腿贴到地面，直到双胯部贴到地面为止。

（7）横叉：是锻炼大腿内侧、后侧和髋关节柔韧性的有效方法。训练方法是：首先，双腿分开站立，双手可扶地支撑。接着，将双腿的小后侧贴紧地面，同时保持脚跟着地，脚尖向左右侧伸展，形成一字形。

动作要点：腰背挺直，双膝、胯部呈一条直线。

2. 腰部柔韧性的练习方法

（1）前俯腰：锻炼腰部柔韧性的动作。训练方法是：首先，双腿并紧站立，并挺膝夹紧。双手十指交叉，两臂伸直上举，手心朝上。然后，上体沉腰前俯，双手尽量贴合地面。同时，双膝挺直，髋关节屈紧，腰背部做伸展运动。接着，双手松开，从脚两侧屈肘，抱紧脚后跟，胸部与双腿紧贴，让腰背部得到充分伸展。最后，保持一段时间后，放松站立。

动作要点。双腿挺膝直立，挺胸塌腰，使腰背部得到充分伸展，双腿与胸部紧贴。

（2）后甩腰：锻炼腰部柔韧性的有效方法。训练方法是：双腿并步站立，一条腿作为支撑，另一条腿向后做直腿摆动。这个动作可以帮助腰部肌肉得到充分拉伸，增加腰椎的灵活性。同时，两臂伸直，跟随上体向后做弯曲动作，并向后摆臂，进一步加强腰背部的压力，提升腰椎的伸展效果。

动作要领：后摆腿、后屈振摆同时进行。膝伸直，头部与双臂做体后屈动作，进行协调性的后摆助力动作练习。

3. 被动形式的练习方法

在腿部和髋部的被动练习中，常采用多种搬腿方法。例如，教练可以帮助练习者握紧双脚，进行正搬、侧搬和后搬的助力拉伸动作。此外，还可以采用按或踩的方式，例如，在横叉或竖叉练习中，教练可以用手按或脚踩的方式帮助练习者伸展髋部，以实现伸拉训练的目的。这些方法在实践中已被广泛应用，并取得了良好的效果。通过这些多样化的练习方式，可以全面地锻炼腿部和髋部肌肉，提高运动灵活性和身体力量。

被动练习腰部主要采用压桥法。例如，教练可以用双脚顶住或踩住练习者的双脚，并用双手拉住练习者的双肩或双臂，这样，练习者就可以尽量使双肩后部与后脚跟靠近，从而达到锻炼腰部的效果。

柔韧素质练习的要求和注意事项如下：

（1）训练时要进一步掌握跆拳道竞技运动的特点。首先，以锻炼腰髋和下肢的柔韧性为主，提升全身的柔韧素质。其次，根据人体的生理结构特点以及身体的生长规律，科学地进行柔韧性训练。

（2）柔韧性要经常进行练习，做到持之以恒。柔韧素质相比于其他身体素质更容易得到提高，同时也极易消退。所以，在练习过程中，要将柔韧素质安排在恰当的时间段进行练习。通常是在完成基本训练内容之后，再进行柔韧性练习。同时，还可以在力量训练和速度训练的环节融入柔韧性的训练，组合式的训练方式有助于调节训练节奏，减轻疲劳感，获得良好的训练成绩。

（3）在训练过程中，要同步推进主动练习和被动练习，使两者互相弥补、互相促进，共同提高。

（4）对于柔韧性的训练，需要练习者在训练之前充分做好身体方面的准备工作，使肌肉达到一定的伸展度，使身体保持一定的温度。在训练过程中，通过训练能够激发肌肉细胞的兴奋程度，促进肌肉韧带的拉长。韧带也具有相同特点，所以在进行训练之前，需要充分做好准备活动。

第十节　户外运动专项身体素质

户外运动是一个在自然场地举行的集体项目群，包括登山、攀岩、悬崖速降、野外露营、野炊、定向运动、漂流、探险等项目。这些项目多数带有探险性，属于极限和亚极限运动，具有挑战性和刺激性。定向运动、户外运动和趣味运动都是健康的智慧型体育项目，同时也是集智力和体力于一体的运动类型。这些运动类型能够强健体魄，培养参与者独立思考、解决困难和果断决策的能力。例如，定向运动需要参与者在未知的地形中寻找控制点，通过分析地图和环境，做出正确的决策。此外，户外运动还有助于建立强大的社交网络。参与者可以与志同道合的人分享经验和乐趣，建立深厚的友谊。通过参与户外运动，人们可以拥抱自然、挑战自我，并在健康、智力和社交方面获得全面发展。户外运动练习举例如图 3-14 所示。

图 3-14 户外运动练习举例

一、户外运动体能特征

户外运动是一种新兴的活动类型，涵盖了登山、攀岩、山地越野、定点穿越、森林探险、沙漠探险、洞穴探险等形式。在进行户外活动时，团队精神至关重要。因此，在选择户外运动伙伴时，我们应该选择体质好、品德好、具有一定文化素养和协作精神的人。

户外运动爱好者需要具备强大的心理素质和良好的身体素质。同时，他们还需要掌握一定的专业知识和户外运动技巧，并能熟练使用基本的户外运动器材。户外运动对体能有严格的要求，接近极限。因此，户外运动爱好者需要具备全面的体能和超强的应变能力。

综上所述，户外运动是一种具有挑战性和探险性的活动，参与者需要具备良好的体能、心理素质和专业知识。

二、专项身体素质练习的内容与方法

（一）力量素质

力量素质是人们进行体育运动的基本素质，同时也是获得一定运动技能和取得良好运动成绩的基础。

1. 上肢力量练习

（1）持哑铃练习。

持哑铃练习方式包括哑铃推举、哑铃体前平举、哑铃前平举、哑铃俯立侧平举、哑铃扩胸、哑铃两臂交换摆动、哑铃侧平举、哑铃前臂屈伸、哑铃体前臂交换推、哑铃臂环绕等。这些练习方式可以根据动作的相似性和目标肌肉群的不同进行分类和比较。

（2）徒手练习。

徒手练习方式有靠墙手倒立、靠墙手侧立臂屈伸、俯卧撑、推起击掌、仰卧撑等。

（3）双人练习。

①牵拉：是一种竞技活动，首先，两人相向站立，准备开始牵拉。然后，两人相同一侧的脚互相顶住，这样可以提供支撑和平衡。接着，两人互相拉住同侧的手，形成对称的姿势。最后，两人同时用力牵拉对方，试图使对方的脚离地。如果其中一方的脚离地，那么这一方就失败了。牵拉的目标是使对方失败，而让自己保持稳定。通过以上逻辑关系的描述，可以清晰地表达牵拉这个竞技活动的过程和规则。

②推小车：是一种身体训练方法，通过练习俯卧撑动作来锻炼身体。例如，练习者身体挺直，同伴握住双脚并抬起练习者的身体。随后，练习者用双手撑地向前做快速爬行练习，甚至可以尝试爬台阶。

2. 下肢力量练习

（1）徒手练习。

徒手练习方式有静力半蹲、蹲起、单足跳、屈体跳、侧向跳、立定三级跳、蛙跳、跳起抱膝、跳起转身等。

（2）双人练习。

双人练习方式涵盖小腿力量对抗、拉手单足跳、侧弓步交换跳、挂肘跳、跳人马等。

（3）杠铃练习。

杠铃练习方式涵盖肩负杠铃提踵、肩负杠铃蹲起、肩负杠铃弓箭步换腿跳、肩负杠铃半蹲跳、肩负杠铃弓箭步走、肩负杠铃蹬上台阶等。

（4）障碍跳。

①双脚障碍跳：准备时，双腿自然弯曲，重心微微下沉，双手向后摆。起跳时，双腿用力，同时双臂向前上方摆动。落地时，要轻巧，双腿弯曲缓冲。双手后摆再次呈准备姿势，进行下一次跳跃，跳过准备好的障碍物。

双脚障碍跳

②单脚障碍跳：单腿站立，另一条腿屈膝抬起，紧贴站立腿，双手自然摆动。站立腿半蹲，前脚掌蹬地，然后身体起跳，屈膝落地缓冲，跳过准备好的障碍物。

单脚障碍跳

3. 腹、背肌力量练习

（1）徒手练习。

徒手练习方式涵盖仰卧起坐、仰卧两头起、仰卧蹬伸、俯卧体后屈、俯卧体后屈转体等。

（2）肋木练习。

肋木练习方式涵盖背悬垂直腿上举、背悬垂侧举腿、背悬垂举腿绕环等。

（3）沙背心、沙护腿练习。

沙背心、沙护腿练习方式涵盖背屈伸转体、侧屈体、斜板仰卧起坐、俯卧举腿、仰卧两头起等。

（二）耐力素质

1. 立卧撑

该训练动作是从直立姿势开始，下蹲，使用两手撑地，伸直双腿呈俯撑姿势。收腿呈蹲撑姿势，然后恢复到身体原直立状态。单次练习1分钟，每次完成 4～6 组，休息时间为 5 分钟，训练强度控制在 50%～55%。一项研究发现，这种训练可以显著提高下肢肌肉力量和耐力，从而提高跑步速度和爆发力。此外，还有一项研究也表明，这种训练对于减小膝关节受力和提高关节稳定性也非常有效。训练要求动作规范，只有站起来才能算完成一次练习。为了增加训练强度，可以穿上沙背心增加负重，或者进行俯卧撑蹲跳起等动作。

2. 重复爬坡跑

在 15 度的坡道或 15～20 度的山坡上进行爬坡跑，重复 5 次或更多，距离为 250 米或更多，间歇 3～5 分钟。训练强度控制在 60%～70%，也可根据训练目的决定训练强度。为了增加训练强度，还可穿上沙背心进行练习。

3. 连续半蹲跑

身体呈半蹲姿势，大小腿弯曲度呈 100 度左右，半蹲姿势跑 50～70 米，练习 5～7 次，间歇 3～5 分钟，训练强度控制在 60%～65%。在训练过程中，一般不规定跑步速度，跑到终点折返回来时，可以走步返回，身体保持放松状态。在下一组练习之前，可贴墙倒立 15 秒。

4. 连续跑台阶

选择一个高度为 20 厘米的楼梯或者一个高度为 50 厘米的看台，连续跑 30～50 步。如果选择 20 厘米高的楼梯，那么每一步需要跳两个台阶，每组重复 6 次，间隔时间为 5 分钟，训练强度控制在 55%～65%。训练动作需要持续进行，不能中断。在下行时，身体要放松，心率需要恢复到每分钟 100 次才能进行下一组训练。训练时可以穿沙背心，以增加负重。这种训练方法可以提高身体的爆发力和耐力，有助于提升运动表现。此外，这种训练方法还可以增强肌肉力量和稳定性，减少受伤。因此，这是一种有效的训练方法，值得尝试。

5. 逆风跑或耐力跑

可以选择在公路上进行长距离逆风跑的练习，还可以做 1000 米以上的重复跑，重复 4～6 次，间隔时间为 5 分钟，训练强度控制在 55%～60%，训练过程可穿沙背心，练习负重耐力跑。

6. 户外定向跑

放点训练：在起点周围设计若干个检查点，以 2 人为一组，甲

放点训练

先去布 1 ～ 2 个点，回来后与乙交接地图，乙去找点，并将点标旗带回，然后两人交换练习。

跟随领跑人练习：以 2 人为一组，一人拿图，沿着自己选择的路线跑，另一人跟跑，当领跑人到达目标点停下来后，跟跑者在图上迅速找出自己在地图上的站立点，然后两人交换练习。

跟随领跑人练习

第十一节　游泳运动专项身体素质

游泳（见图 3-15）是一项全身性的运动，实际中每个动作都需要协调好腿部、核心肌群和上肢的肌肉力量和动作幅度，任何一个部位出问题都会导致不良后果——成绩不佳或者受伤。核心训练能够建立核心肌群的稳定性，加强身体各部位的协调能力，减少阻力，提高推进力。

图 3-15　游泳运动练习

一、游泳运动体能特征

游泳运动项目的身体位置是平卧而非直立的。游泳项目不需要其他支撑，是通过水的浮力使人体俯卧于水面。游泳练习有助于提升人体的心肌搏动力量，加速血液回流。在游泳练习时，身体受到水的阻力影响，不仅不会增加心脏负担，还会使身体处在最大的吸氧状态，有助于人体提高耐力机能。人们在游泳时，水会给身体带来一定的压力，从而增加肺活量。另外，人在游泳时会和水接触发生摩擦，通过对身体的冷热刺激，改善人体微循环，使免疫系统功能得以提高。因此，游泳运动能够提高人体抗寒防病的能力。

二、专项身体素质练习的内容与方法

（一）力量素质

专项力量训练应选择符合游泳动作要求的练习，这对于提高游泳运动员的专项力量能力至关重要。在拉力类力量训练和在水中进行力量训练时，所采用的动作方式应尽可能贴近比赛中的动作。这种练习动作与自由泳、蝶泳、蛙泳、仰泳四种姿势的划水动作紧密结合，从而有效提高游泳运动员的专项力量水平。此外，不同的练习器械有着各自的特点。相对而言，等动拉力更适合专项力量训练，因为它充分考虑到了水上阻力的性质，即划手速度越快，阻力也越大。

1. 专项力量练习

（1）橡皮筋拉力：利用橡皮筋的弹力来增加负荷，增加划水动作中的肌肉耐力。训练中模拟实际的划水动作，速度与比赛时相同或更快。其练习方法是将橡皮筋系在横梁或肋木上，站立体前屈或俯卧于拉力凳上，双手前伸抓住橡皮筋的两端。具体动作为：①双臂向后拉，两脚分开同肩宽，弯腰，但不能含胸。手抓拉力把手，两臂同时从前向后拉动。由于橡胶的弹性特点，越往后拉，阻力就越大，所以越要用力。手到体侧后有控制地回到头前，重复练习。②双臂交替，用两臂轮流拉动橡皮拉力器。

双臂后拉

双臂交替

（2）瑞士球哑铃卧推：平躺在瑞士球上，手持哑铃向上推起，两肘内收，在夹肘的同时夹胸。哑铃向上举的同时身体略向前倾，呈抛物线状的运动轨迹。两臂伸直时，哑铃重心应在接近处于肩关节的支撑点上，但不要正好位于肩关节的支撑点上，因为这样会使

瑞士球哑铃
卧推

骨骼支撑住哑铃的重量（这种是由骨骼而不是由肌肉支撑重量的情况称为"锁定"），使得胸肌放松，故影响锻炼效果。然后，两直臂向两侧张开，两臂慢慢

弯屈，哑铃垂直落下，当下降至最低处时，即做上推动作。重点练习胸大肌、三角肌和肱三头肌。

（3）坐姿伸膝：坐在器械上，双踝置于滚筒垫的后方，并贴住，双腿彼此平行，抓紧握把或座椅两旁，膝部完全伸展，并上举滚垫，躯干挺直，保持大小腿和脚互相平行；切勿用力锁膝，膝部缓慢弯曲回到起始姿势，切勿使臀部离开座椅。

（4）腹斜肌训练：选择合适的重量，入座后两腿夹紧座椅中间的档垫，单臂握紧中间把手，外侧手臂握紧外侧把手，腰部用力扭转至胸对把手，稍停顿，慢慢恢复至开始位置。

（5）连续跳箱：运动员连续跳上、跳下跳箱，以10～15次为一组，做3～4组。跳箱高度可根据运动员能力而定。该练习主要发展髂腰肌、股四头肌、股二头肌、臀大肌、小腿三头肌、胫骨前肌及足底等肌群力量。

2. 核心力量练习

核心力量是完成所有技术动作的关键，并存在于所有的运动项目当中。任何一个竞技项目的技术动作都不是仅凭某一个单一肌群就可以完成的。它协调了所有的肌肉群共同做功，提高参与活动的各肌群间协调用力的能力，游泳项目同样如此。在游泳运动当中，核心肌群起到了稳定重心、传导力量的主要功能作用，更是整个身体进行发力的关键环节，对上、下肢起到协调作用。例如，游泳运动员如果想在游泳的过程中减小对水产生的阻力，就需要使身体减小在水中占用的空间，尽可能保持身体的水平直线性。而核心力量薄弱，会造成游泳者在游泳过程中出现下肢下沉或是身体强烈摆动的情况，这将会进一步增加水的阻力，影响游泳成绩。所以说，核心力量对于保持游泳姿势、运动技能和专项技术都起到了稳定和支持的作用。

核心力量训练常用的练习内容与方法如下。

（1）平板支撑：控制核心肌群，需要头—肩—背—臀—膝—踝呈一条直线，全程保持均匀呼吸状态，固定好骨盆后，将身体从地面抬起，只有脚尖和前臂着地，动作保持30秒。

（2）侧向撑桥式练习：以左侧位卧姿，左手弯曲90度垂直支撑上肢，将骨盆位置固定，收紧肌肉，提起臀部，让头—臀—双脚在一条直线上，保持这个姿势 45 ～ 60 秒，每侧练习完成 2 组，每组休息时间为 30 秒。

（3）瑞士球平板支撑：两手放在瑞士球上，控制核心肌群，需要头—肩—背—臀—膝—踝呈一条直线，全程保持均匀呼吸状态，固定好骨盆后，将身体从地面抬起，只有脚尖和前臂着地，动作保持 30 秒。

瑞士球平板
支撑

（二）耐力素质

耐力素质是指有机体坚持长时间运动的能力。游泳运动员在整个竞赛过程中，需要保持一定的运动量和强度，所以自身需要具备较强的耐力素质。竞技游泳实践中，虽然各个项目对专项耐力的依赖程度存在差异，但生理学研究表明，有氧代谢是无氧代谢的基础。因此，发展游泳运动员的耐力素质同样重要。陆上耐力训练常用的训练内容与方法如下。

（1）连续做立卧撑：保持站姿，并开始做下蹲两手撑地的动作，将双腿伸直，做俯撑动作，之后收腿呈蹲撑状态，做完动作后还原为直立姿势。每组做 60 秒，完成 4 ～ 6 组。每次间歇时间以心率恢复至 120 次 / 分时，开始下一组练习。该练习可提高机体力量耐力水平。

（2）跑台阶：多级楼梯上，连续跑 40 ～ 50 步，重复跑 4 ～ 6 组。每次间歇时间以心率恢复至 120 次 / 分时，开始下一组练习。该练习可发展运动员的耐力素质。

（3）跑台练习：在跑台上进行快步走与中速跑相结合的练习 20 ～ 30 分钟，该练习可发展运动员的耐力素质，提高身体有氧与混氧供能能力。

（三）柔韧素质

柔韧训练是游泳体能训练的重要组成部分。柔韧训练包括发展专项柔韧性和关节的灵活性。在游泳运动中，柔韧性和关节灵活性的作用不言而喻。柔韧性和关节灵活性不仅会对游泳动作幅度产生影响，还会对动作完成的效果造成影响。如踝关节和脚掌的外翻能力，直接影响蛙泳蹬腿动作的效果；肩关节的柔韧性和灵活性，直接影响手臂动作的效果。同时，游泳专项柔韧素质的发挥受到动作放松的影响，如鞭状打腿动作。鞭状打腿动作的最大特点是，要求各关节动作放松，产生力的传导、加速，使脚掌产生最大的加速度，并形成良好的对水面，这就对踝关节柔韧性和灵活性提出了更高的要求。主要练习如下。

（1）流线型伸展练习：以流线型的姿势站立，双手伸直，举过头顶，双手重叠夹在脑后，缓慢向右弯曲腰部，可以感受到左侧后背肌肉伸展，然后回到开始的位置，向左弯曲。

（2）反背体前屈：站立，两腿分开与肩同宽，双手交叉于后背，掌心由内向外翻，弯腰后，脸部尽可能贴近膝盖，双手尽可能贴近地面。

反背体前屈

（3）颈后伸展：直立或坐姿，右肩外展屈肘，探右手向左肩胛，左手抓右肘，在头后以左手推右肘，增大肩部外展。

（4）双臂压肩：两手抓握肋木，上体前俯下振压肩。动作要点：两臂、两腿要伸直，着力点集中于肩部。

注意事项如下：

（1）下压的振幅逐渐加大，力量逐渐增强。

（2）当肩压到极限时，静止不动，停留片刻。

（3）压肩与拉肩交替练习。易犯错误：肩部紧张，臂不直。练习时，应尽量沉肩、伸臂。

第十二节　棒垒球运动专项身体素质

棒垒球运动中的体能是指参与者基本的运动能力，是参与者竞技能力的重要组成部分，主要包括参与者的身体形态、身体机能及运动素质三个方面的内容。根据棒垒球的项目特征，其参与者的体能练习总体上包含力量练习和灵敏练习两个方面的内容。棒垒球运动练习如图 3-16 所示。

图 3-16　棒垒球运动练习

一、棒垒球运动体能特征

棒垒球运动是以棒子打球为主要特征，是一个集体性、对抗性较强的球类竞技运动项目。棒垒球运动具有强身竞技和娱乐的功能。软式棒垒球集跑、跳、投、打于一体，不仅能锻炼练习者的身体素质，训练他们的反应能力，还能培养其团队协作精神。

二、专项身体素质练习的内容与方法

（一）力量素质

击球员的击球力量、投手的投球力量以及跑垒员的下肢爆发力是力量练习的主要内容。因此，科学有效地发展棒垒球练习者肩、双臂、腰腹肌以及小腿等部位的肌群力量是提高棒垒球运动成绩的基础。

1. 肩臂力量练习

（1）肩部肌肉的拉伸练习：练习者先把主导胳膊提高至与肩齐平，再用另一胳膊拉住主导胳膊，横过体前，直至感觉肩后部肌肉绷紧为止。由于肩背部是棒垒球运动员最容易受伤的部位，所以该练习方法应把握好尺度。

（2）肩部三角肌力量练习：此练习可以增强肱二头肌和肩前部肌肉。首先，练习者站立或坐着，胳膊放体侧，掌心向大腿。然后，将肘部伸直，抬高胳膊。最后，将胳膊慢慢上举，直到高于头部。此动作以 25 个为一组，每次做 4 组。如果条件允许，还可以握住一个小哑铃进行练习。

（3）肩袖回旋肌推举练习：首先，练习者两肩放体侧，握器械站立，两侧伸直，两肩、臂内旋、拇指向下。然后，手臂绷直，快速向上抬高，拇指朝下。最后，轻轻将两臂慢慢放下。此动作以 25 个为一组，每次做 4 组。如果条件允许，还可以握住一个小哑铃进行练习。

（4）推举练习：练习者持械端坐，双手持中等重量的杠铃，将其举在肩上，并逐渐将其举过头部，拇指朝内，至最高点后，再缓慢复原。推举时，可以两肩并举，也可单臂轮流推举。

（5）俯卧撑练习：该练习方法有助于加强胸部和双肩部的肌肉群。练习者双手撑地，膝关节跪在地板上。稳定身体姿态后，弯曲手臂，水平降低身体，使肘部与肩部在同一水平高度。当到达最低点时，逐渐伸直手臂，快速水平撑起身体，背部保持平直状态。

2. 腰腹力量练习

（1）侧身弯腰运动：练习者分腿站立，使两臂向上侧平举，上体做前屈动作，用左手手指触碰右脚，右臂上举，两腿和两臂不得弯曲，还原后再换另一侧，反复进行。连续做 8 次为一组，每次做 3 组。

（2）空中蹬车：练习者仰卧坐姿，双手撑于身后，保持腹部紧张，双腿悬空，做交替抬腿动作，使双腿及核心肌群得到充分锻炼，像是在蹬自行车。

3. 下肢力量练习

（1）原地跑：练习者肩负杠铃，杠铃重量达到本人最大负重的 40%～50%，在跑动过程中尽量将大腿抬高，使大腿面与躯干垂直，以 15～20 个为一组，每次做 2 组。

（2）直腿跳：练习者使用肩负杠铃，选择的杠铃重量需要是本人最大负重的 40%～50%，绷直双腿，使踝关节能够做到最大限度地伸展，直腿快速地直上直下跳，以 15～20 个为一组，每次做 2 组。

（3）半蹲跳：练习者肩负杠铃，杠铃重量达到本人最大负重的 50% ～ 60%。半蹲跳时，膝关节弯曲接近 90 度（注意角度不能小于 90 度），以 8 ～ 10 个为一组。

（二）灵敏素质

在棒垒球比赛中，击球员、跑垒员快速启动上垒，以及防守者快速灵活地组织防守都需要运动员具备较高的灵敏素质。因此，灵敏素质的好坏直接影响运动员在棒垒球比赛中的表现。然而，灵敏素质受遗传因素的影响很大，提升的空间甚微，因此，应在运动选材的环节重视灵敏素质较高者。但是，通过科学的练习，也可以在一定程度上提高人的灵敏素质。

橡皮绳牵拉
抗阻练习

（1）橡皮牵拉：是一种模拟拉力的训练方式，利用弹性绳索和适当的拉力对肌肉进行训练，训练时，先使用适当力度的橡皮绳将力量传递给练习者，然后通过肉感、跳跃等动作增加练习者的灵敏性和力量。

击球衔接跑垒

（2）击球衔接跑垒：不仅能提高运动员的耐力，还能提高他们的速度，能够锻炼运动员的灵敏性。跑垒时一定要全速冲刺，脚踏垒垫。

（3）间隙跑垒练习：在间歇跑垒训练中，最重要的是设定合适的训练强度和训练时间。间歇跑垒练习可以提高短跑运动员的速度和耐力，特别是在高强度比赛中，这种优势表现得更为明显。此外，间歇跑垒训练还可以提高运动员的心肺功能和肌肉力量。

间隙跑垒练习

跑垒辅助体能
练习

第十三节　飞盘运动专项身体素质

飞盘运动练习（见图 3-17）是一个集篮球、足球、网球、橄榄球、排球等球类优点于一身的运动项目。它具有跑、跳、投的运动特点，且独具特色。在激烈的拼抢和快速攻防转换中，运动员要具备快速的奔跑能力、敏捷的身体移动能力、突出的跳跃能力以及能在复杂多变的战术下完成合理的跑位、接盘、传盘、得分，且运动强度大，能量消耗大。这个体育项目主要训练的内容包含速度、灵敏、耐力、力量、弹跳等，因此，对飞盘运动员身体素质的训练应贯穿整个训练计划。

图 3-17　飞盘运动练习

一、飞盘运动体能特征

飞盘运动中更多的是变速性奔跑，以及在变速跑的过程中出现迅速转向等情况，这与平时单纯的跑步不同。同时，在这个过程中还会有突破防守等动作，很多动作都带有一定的爆发性。

二、专项身体素质练习的内容与方法

（一）速度素质

（1）练习小步跑、高抬腿跑、侧向跑、加速跑等动作。

（2）按教练的手势或口令，做快速启动冲刺和冲刺急停、冲刺跳跃等动作。

（3）快速折返跑练习。

（4）以 4～8 人为一组，围成较大的圆环相互传盘，一个人在圆环中间跑动抢盘，抢盘者快速追赶持盘者或接盘者，阻拦、干扰传盘者或接盘者，直至成功拦截飞盘。传盘者或接盘者被拦截则替换抢盘者。

远距离传盘

（5）练习者距离教练 8～10 米，面向教练，教练向练习者所在位置以不同方向连续掷飞盘，练习者快速跑动，连续接飞盘。

跑动传盘

（6）在训练场内设置障碍物，练习者要绕过障碍物做快速折返跑、变向跑、弧线跑或转身跑等动作。

相互接盘

（二）力量素质

1. 手指、手腕力量练习

（1）使用手指撑地做俯卧撑、仰卧撑练习。

（2）手足爬行练习。

（3）用手抓 4～6 公斤的铅球、实心球。

（4）屈臂手持哑铃做转腕练习。

（5）反握哑铃做手腕绕环或前后屈伸练习。

2. 上肢力量练习

（1）俯卧爬行练习。

（2）单杠引体向上和双杠双臂屈伸练习。

（3）用杠铃做头前、头后的推举练习。

3. 腰腹力量练习

（1）仰卧举腿或仰卧起坐练习。

（2）用肋木做悬垂举腿练习。

（3）肩负杠铃做体前屈和转体练习。

（4）平板支撑练习。

4. 下肢力量练习

（1）肩负杠铃的半蹲、全蹲或半蹲跳练习。

（2）肩负杠铃做弓箭步和两腿交换跳练习。

（3）穿沙衣或腿绑沙袋做收腹跳、弓步走和高抬腿练习。

（4）负重或不负重的下蹲走练习。

5. 弹跳力练习

（1）单脚、双脚和连续双摇跳的练习。

（2）单脚或双脚连续跳台阶。

（3）连续一步单脚起跳或连续一步双脚起跳。

（4）以一定距离连续进行单脚跳、跨步跳、直膝跳。

（5）连续进行原地纵跳。

（6）腿上捆绑重物，做各种跳跃练习或跳台阶。

（7）助跑起跳摸高，每人 10 次，共做 10 组。

（8）一定间隔距离和高度的栏架，队员连续跨越一定高度和数量的栏架。

（9）两人一组一球，做跳起空中传接飞盘练习。要求：传盘快、稳，预判跳起在最高点时接盘。

（10）蛙跳或三级跳、多级跳。

（三）耐力素质

（1）一般耐力练习可采用中长跑或变速跑、爬山等方式。

（2）在操场上，进行 15 米 ×15 米的折回跑练习。

（3）圆环计时速跑，以圆环中心为起点，围绕圆环半径（10 米）处放置若干个标志点，练习者站在圆环中央，接收到信号后，从中央跑向第一个标志物，返回中央再跑向第二个标志物，按顺序依次跑完所有标志物。

（4）全场跑动抢盘游戏。

（5）两人相距 8～10 米沿直线跑动相互传盘，一人夹在两人之间跑动拦截。

抢盘游戏

（6）在操场上，选取一段距离，在起点、中点和终点放置标志物，将队员分成若干组，并站在起点线处，听到教练的指令后，每组的第一个人需要快速跑到标志线后，折返跑回原处，然后跑到终点，再折回，此为完成一次练习。第一个人跑完之后，第二个人接着前面的动作反复练习。

（7）二对一的全场攻守练习。采用两人传盘，一人抢盘方式进行，直至飞盘传至防守者的得分区，若中途被拦截则失误者进行抢盘，其余两人进行传盘。

（8）减少传盘人数或延长全场比赛时间。

（四）灵敏素质

（1）以 2 人为一组，远距离做传盘和接盘练习。

（2）以 2 人为一组，跑动中传接盘。

（3）以 2 人为一组，相距 8 ~ 10 米，接盘者背对传盘者，传盘者在传盘的同时大喊接盘，接盘者迅速转身判断飞盘的飞行方向，并快速跑动直至接住飞盘。

（4）一人接不同方向连续传来的飞盘，传盘的速度由慢到快。

（5）实战游戏：在特定练习场地开展进攻和防守训练。防守队员需要积极抢盘，如果队员抢断成功，则马上变成进攻队员，传盘失误的队员马上变成防守队员。练习者需要在模拟比赛中练习灵活跑位。

（6）各种脚步、动作的变换练习。

（五）柔韧素质

（1）双手手指交叉放置，做压指、压腕动作，并用力向上练习伸臂。

（2）通过器材的辅助，练习压肩、拉肩、转肩的动作。

（3）定时或定数做俯卧撑。

（4）练习者背靠墙或是在同伴的帮助下，练习"桥"的动作。

（5）练习者分腿坐或是并腿坐，练习体前屈动作，进行体绕环练习。

（6）做并腿直立、上体前屈、用手摸地或摸脚的动作练习。

（7）踝关节负重练习绕环动作。

第四章

常见的运动损伤与处理

　　运动损伤是在体育活动中经常出现的一种身体损伤情况。它多见于初参加锻炼的人和从事专项训练的运动员身上。在竞技体育中发生的损伤，不仅影响运动员的训练和比赛，还会缩短运动员的运动生涯，严重者甚至引起残疾和死亡。体育运动损伤会对人们的生活、学习、工作产生不利影响，也会影响个人情绪，进而影响体育活动的正常开展。由运动引起的损伤与日常生活中或生产劳动中形成的损伤，其性质和情况不同。身体发生损伤的部位和运动的项目有直接关系，并且也与运动的技术类型息息相关，因此，了解运动损伤的原因、预防等基本知识，有助于改进体育教学和科学安排锻炼。

第一节　运动损伤的概述

一、运动损伤的分类

（一）按损伤的病程长短分类

　　（1）急性损伤：指组织在瞬间遭受直接或间接暴力作用引起的损伤。此类损伤发病急，症状和组织反应明显，但只要处理得当，多数病程相对较短。

（2）慢性损伤：包括因急性损伤处理不当迁延而成的慢性损伤，以及局部过度使用引起的组织细微损伤积累。前者称陈旧性损伤，后者又称"劳损"。

（二）按受伤后皮肤、黏膜的完整性分类

（1）开放性损伤：指皮肤或黏膜的完整性受到破坏，伤口和外界相关联的损伤，如皮肤擦伤、切伤、刺伤、裂伤等类型。

（2）闭合性损伤：损伤部位的皮肤和黏膜呈现完整状态，没有裂口且不与外界相关联的损伤，如肌肉拉伤、关节韧带扭伤、挫伤等。

（三）按受伤组织的结构分类

（1）软组织损伤：指皮肤、黏膜、肌肉、肌腱、韧带、筋膜、关节囊、滑膜、脂肪垫等组织的损伤。在大众体育活动中，常见的是急性软组织损伤；从事专项训练的竞技运动员，以慢性软组织损伤居多。

（2）骨与关节损伤：包括对骨、关节、关节软骨、软骨盘以及骨骺的损伤。在急性损伤中，成人多见骨折和关节脱位，儿童则更容易遭受骨骺损伤。相反，慢性损伤通常涉及与专项技术特点相关的骨软骨炎、关节软骨的退行性变化或创伤性骨关节病。

（3）末端病：是指肌腱、韧带或关节囊的纤维层在骨端附着处（也称为末端、附着区或腱止装置）发生的慢性劳损性组织病理变化。这类损伤大多由过度使用引起，而损伤的多发部位与运动技术动作对某一部位的特殊要求密切相关。例如，羽毛球、网球运动员长期反手击球可能导致肱骨外上髁炎；而跳高、篮球运动员反复起跳可能引发髌腱末端病等。

（4）神经组织损伤：包括脑、脊髓和周围神经损伤。此类损伤发生率虽不高，但对运动员的运动能力影响甚大。如拳击运动员因大脑反复被击，日后会出现脑功能损害即"拳击脑"；跳水运动员的脑挫裂伤等。

（5）内脏器官损伤：指运动所致的心、肺、肝、脾、肾、膀胱、胃肠等内脏器官损伤。此类损伤一般为急性损伤，可由运动直接引起，如腰部受撞击致肾脏挫伤；腹部受打击致肝、脾破裂，也可与骨折合并发生，如肋骨骨折致肺脏损伤。

（四）按损伤的程度分类

（1）轻度：所指的是身体受伤之后对运动能力没有产生影响，仍能按原计划继续进行训练的损伤，如擦伤等。

（2）中度：丧失运动能力在 24 小时以上，身体部位受伤之后在较短时间内（一般 1～2 周）无法进行训练活动，需要减少甚至是终止运动而采取相应治疗的损伤，如肌肉拉伤等。

（3）重度：身体在受伤之后的很长一段时间内不能参与训练，根据损伤情况需要住院进行专项治疗的损伤，如骨折等。

（五）按运动技术与训练的关系分类

（1）运动技术伤：是因专项运动的特殊技术动作要求，引发人体某部位的职业性损伤。多为间接暴力所致的闭合性慢性损伤，多发于从事专项训练的竞技运动员，创伤的部位和性质与专项技术的动作特点密切相关。改变训练手段、改进训练方法，加强损伤部位的肌力训练，伤情可得到控制。

（2）非运动技术伤：此类损伤不具备专项训练的特点，多数为运动中的意外损伤。常发生于运动中需要身体相互接触的激烈运动或需要腾空落地的运动项目。运动训练水平低，缺乏保护或保护失当易造成这种损伤。暴力大小及防护能力的差异会影响损伤的程度。非运动技术伤的发生无特殊规律可循，多为急性损伤，病情较重，一般需要较长时间方可恢复。

二、运动损伤发生的原因

运动损伤发生的原因如下：

（1）思想上不够重视，如急于求成、胆小、麻痹大意等。

（2）准备活动不足或不合理，例如，没有安排准备活动、准备活动没有做到位、与正式运动内容不匹配或者间隔时间过长等。

（3）技术上的错误，如排球传球时手指扭伤、前滚翻时颈部扭伤等。

（4）运动负荷过大。运动量超出了人体的生理负荷范围，例如，在增加运动量后继续进行负重训练可能造成腰部损伤。

（5）动作粗野或违反规则。

（6）外界环境等因素的影响。

三、运动损伤的预防

运动损伤的预防可从以下几个方面着手：

（1）时刻注意安全，杜绝麻痹思想的存在，保持互帮互助的道德风尚。

（2）对于不同的训练个体特性，科学安排训练计划，配备适当的运动量。

（3）活动前要做好准备工作，并保持与正式运动的内容相一致。

（4）注意环境和场地设备卫生。

第二节 常见运动性疾病的预防与处理

一、软组织损伤的预防与处理

（一）闭合性软组织损伤的处理

闭合性软组织损伤是指关节、韧带、肌肉、肌腱、滑囊等部位的损伤，不伴有明显裂口且不与外界相通。例如，关节扭伤、肌肉拉伤、韧带劳损等都属于闭合性软组织损伤。据统计，闭合性软组织损伤在运动员中很常见，其中，关节扭伤的占比最高，约占40%。这些损伤对人体的生活和运动能力产生了不可忽视的影响，因此，对其预防和治疗的研究具有重要意义。

1. 急性损伤

急性损伤发病急、病程短，临床症状和体征较明显。

（1）早期（急性炎症期）（伤后24～48小时）。组织内出血和局部出现红、肿、痛、热及功能障碍等征象。

处理原则：制动、止血、防肿、镇痛和减轻炎症。

治疗方法：

①冷敷。自来水冲淋约15分钟或用冰水、冰袋、白酒等冷敷，注意防冻。不能推拿和热敷。

②加压包扎。包扎得当可止血、防肿和缩短伤后所需的康复时间，可用绷带、手帕、布条加压包扎约 24 小时。注意松紧适当，太松起不到加压作用，太紧又会引起局部血液循环障碍（如肢体出现麻木感）。

③制动和抬高伤肢。

（2）中期（伤后 24 ～ 48 小时）。受伤部位已止血，急性炎症也已消失，但依然有瘀血、肿胀和功能障碍的情况出现。

处理原则：对伤口部位的血液和淋巴循环进行全面修复，帮助组织完成新陈代谢，加速伤口部位瘀血的吸收，清除伤口周围的坏死组织，使伤口得到再生修复。

治疗方法：受伤部位通过按摩、推拿、理疗、针灸、药物痛点注射、贴敷活血膏的方式进行综合治疗。在上述的治疗方案中，热敷和按摩的疗效比较明显，对治疗能够起到助推作用。

（3）后期（受伤超过 48 小时）。其他症状基本消失，但是伤口部位的肌肉或韧带可能存在粘连的情况，身体功能尚未得到全面恢复，稍作运动时，还会存在一定的疼痛感，有时还会感到肌肉酸胀无力或是受伤部位发生活动受限的情况。

处理原则：以恢复和提高身体肌肉、关节功能为主要目的。

治疗方法：在恢复活动能力的过程中，治疗以按摩、理疗的方式为主，理疗的同时还可用中药熏洗和佩戴约束带的方式加以辅助。

2. 慢性损伤

处理原则：进一步帮助患者减轻受伤肢体的功能负担，促进受伤部位的血液循环和新陈代谢。

治疗方法：与急性损伤的中后期治疗方式一致。

（二）开放性软组织损伤的处理

开放性软组织损伤常见的有擦伤、切伤、刺伤和裂伤等。

应急处理要点：及时止血和处理伤口，预防感染。

二、脑震荡的预防与处理

1. 症状诊断

脑震荡是指头部遭受外力打击后，即刻发生短暂的脑神经功能障碍。根据伤情的不同，伤者出现意识障碍的时间也会有所不同，轻者会出现几秒钟的意识丧失，重者可能出现几分钟或更长时间的意识障碍。脑震荡的伤员其具体表现可能是呼吸表浅、脉率缓慢、肌肉松弛、瞳孔放大，神经性反射不够敏感或是消失的情况，严重者还可能发生逆行性健忘的症状，还伴有头痛、头晕，在伤后数日内较明显；恶心、呕吐在伤后数日内多可逐渐减轻或消失。头部有明显的外伤史。

2. 处理方式

让伤者平躺，不能站立或坐起，保持周围环境安静。给伤者头部做冷敷降温处理，身体注意保暖。如伤情严重，要马上送至医院进行治疗，入院后保持伤者平卧位。如果伤者出现头痛的情况，则要使用枕头或是其他物品将其头部固定并垫起，防止颠簸。如果是意识不清的伤者，则需要保持侧卧位，使呼吸通畅。

三、骨折的预防与处理

1. 征象

骨折是指骨的完整性破坏或连续性中断。临床表现为外伤后，局部出现疼痛、肿胀和活动障碍等症状，骨的畸形（完全骨折时，骨折断端移位，出现伤肢缩短、侧突或成角或旋转畸形）、异常活动、骨擦声、压痛与震痛等是骨折的专有体征。严重的骨折常伴有明显的出血剧痛、神经损伤而发生休克以及发热、口渴、便秘等全身症状。

2. 急救原则

（1）防止休克：发生严重骨折、多发性骨折的伤员，极易引发休克。在对其进行急救时，要先预防发生休克状况，再对骨折处进行处置。

（2）就地固定：伤者在发生骨折之后，要先对伤者受伤的部位进行固定，防止断端发生移动给伤者造成更大的伤害。对受伤部位进行固定，可以有效减轻伤者的疼痛感，以便于转移伤员并进行救治。所以，在没有固定伤者受伤部位时，不能轻易挪动伤员，特别是大腿、小腿和脊柱部位的损伤，以防止因挪动而加重伤情。

（3）先做止血处理再包扎伤口：如果伤员的伤口大量出血，就要马上对其进行止血，先对伤口创面进行清洗、消毒，然后进行包扎。例如，绷带卷包扎法是一种用途最广、最方便的包扎方法。其主要有以下四种包扎法：环形包扎法、螺旋形包扎法、转折形包扎法、"8"字形包扎法。

环形包扎法　　　　螺旋形包扎法　　　　转折形包扎法　　　　"8"字形包扎法

3. 注意事项

对于骨折的伤者，进行固定时所使用的夹板的长短、宽窄需要根据受伤部位来确定，对于骨折部位的上下两个关节都要进行固定，如果现场没有夹板，则可以使用较硬的树枝、竹片代替。做夹板固定时，需要使用绷带或是软布包垫起受伤部位，在夹板的两端需要使用软布填充，防止受伤部位发生压迫性损伤。

四、过度紧张的预防与处理

1. 病因

多见于锻炼较少、训练水平不高、生理状态不良或伤病中断训练后突然参加剧烈活动的情况，这种情况容易使身体产生严重的不适感，或是因为身体的过分疲劳而引发精神的紧张，还可能是饭后进行了剧烈的运动而引发的。

2. 征象

常在剧烈运动或比赛后即刻或在短时间内发病，表现为头晕、眼前发黑、面色苍白、全身无力、站立不稳，有恶心呕吐、血压下降、呼吸急促、心脏扩大等急性心功能不全等征象，严重者甚至会昏厥。

3. 处理方式

轻症患者可以采取安静平卧，注意身体保暖，同时还可以给患者服用热糖水，一般情况下，通过休息可以自行恢复。症状较为严重者需要平卧休息，周围环境应保持安静，同时采用针刺或是掐点内关、足三里穴位的方式进行缓解。

4. 预防手段

体育基础较差者，不可勉强参加紧张的训练或比赛，应加强体育锻炼的医务监督；运动前，充分做好准备活动，循序渐进地加强体育锻炼，逐渐增加运动量。

五、低血糖症的预防与处理

低血糖症是由血葡萄糖含量过低引起的一系列临床症状。正常人的身体每100毫升血液中含有的葡萄糖量是 80 ~ 120 毫克，当血糖含量低于 50 毫克时，会出现一系列不适症状，即为低血糖，多发生于长跑、自行车、长距离滑冰等项目比赛过程中或结束后不久。

1. 病因

运动员在长时间的运动中将会消耗和降低体内的血糖含量；在运动前或运动过程中，如果产生饥饿感，在身体内肝糖存储量不充足的情况下，将会增大血糖的消耗，因此容易出现低血糖的病症。

2. 征象

轻度者有强烈的饥饿感、心慌、乏力、头晕、面色苍白、发冷汗等症状。严重者将会出现神志不清、言语混乱、烦躁不安、精神错乱、四肢战栗、步态不稳的情况。

3. 处理方式

让患者平躺，身体注意保暖，神志清醒者可以饮用少量的糖水或是进食少量流食，症状可在短时间内得到缓解。

4. 预防手段

平时运动量缺乏或是空腹、患病未愈的练习者，不能参与长时间或是剧烈的运动项目。

六、运动中腹痛的预防与处理

运动中腹痛指的是在运动过程中出现的腹部疼痛。部位多在心窝部、右上腹，其次是左上腹和脐周部。

1. 病因

（1）平时缺少锻炼导致心脏功能无力，静脉血回流无力，引起肝、脾瘀血肿胀，增加肝脾被膜的张力，从而发生腹痛。一项研究发现，长期缺乏体育锻炼的人，腹痛的发生率明显高于经常锻炼的人，差距达 30%。

（2）运动前吃得过饱、饭后过早进行运动、喝水较多或是空腹运动都能引发胃部的胀痛。根据一项调查，超过 60% 的参与者在运动前进食过多后会出现胃部不适，有些人还伴随着腹痛的症状。

（3）运动前不做准备活动或准备活动不充分就进行剧烈运动，容易导致运动负荷增加过快，心肺功能无法跟上肌肉的工作速度，造成呼吸肌缺氧，腹痛加剧。研究表明，缺乏适当的运动前准备活动的人在剧烈运动后更容易出现腹痛，其中，有近 50% 的运动员在比赛前未进行充分的热身活动后出现了腹痛症状。

2. 征象

腹痛的具体部位和实际的发病原因直接相关，主要是由于肝脾瘀血而形成的腹痛，肝痛常见于右肋部，而脾痛常见于左肋部，疼痛的症状以胀痛或是牵扯性痛为主。如果患者日常的饮食时间不规律，将极易引发胃痉挛。胃痉挛的疼痛部位主要是在上腹部，腹痛的发生主要是在运动的中后期。

3. 处理方式

在运动中降低运动速度，提高呼吸频率，调整呼吸和运动节奏（比如 3 步一吸气或 4 步一吸气），可以用手按压住疼痛部位或是弯腰进行慢跑，通常可以缓解一般疼痛，如果疼痛加剧仍不消减，则需要马上终止运动。

4. 预防手段

逐渐提高心脾功能，合理安排膳食和运动时间，饭后应休息 1.5～2 小时才可进行剧烈运动。

七、运动后肌肉酸痛的预防与处理

1.病因

肌肉酸痛的原因有两个方面。首先，肌肉增加了运动负荷或负重负荷，导致肌肉没有足够时间进行适应，从而引起肌纤维或结缔组织的损伤，或者肌纤维出现痉挛。其次，身体产生了过多的代谢产物，如乳酸会导致肌纤维化学成分发生变化，从而刺激神经末梢引发酸痛感。经过肌肉内局部细微结构的修复或代谢产物的排出，肌肉组织会变得更强壮，当再次经历相同负荷的运动时就不容易出现酸痛感。研究表明，进行高强度训练后，肌肉酸痛感会逐渐减轻，这是因为肌肉逐渐适应了负荷并进行了修复。因此，了解肌肉酸痛的原因对于运动训练和伤后康复非常重要。

2. 预防与消除的办法

（1）预防肌肉酸痛。运动量安排要合理，应由小到大，由慢到快，循序渐进，经过一段时间的训练后，原先出现的肌肉酸痛就会减少。

（2）缓解和消除肌肉酸痛。具体可用以下几种方法。

①热敷：训练后用温热水泡洗全身，可以减轻肌肉酸痛。

②伸展练习：伸展肌肉可以加速放松和缓解拮抗肌，有助于紧张肌肉的放松。

③按摩：局部涂擦油剂或按摩剂进行按摩，可以减轻肌肉酸痛。

参考文献

[1] 曹保科. 优化青少年排球运动员体能训练方法的研究与实践 [J]. 文体用品与科技, 2023(1): 169-171.

[2] 陈德志. 青少年网球体能训练理念与训练内容初探 [J]. 当代体育科技, 2016, 6(26): 53,55.

[3] 崔小贝. 乒乓球专项体能训练的实践与应用分析 [J]. 拳击与格斗, 2023(3): 24-26.

[4] 豆亚. 分层教学法在高中羽毛球教学中的运用效果研究 [D]. 北京: 首都体育学院, 2021.

[5] 樊鹏华. 体能训练对小学生身体素质影响的实验研究: 以三林镇中心小学为例 [J]. 新教育, 2023(S2): 258-260.

[6] 付彩雯. 浅谈提高女生仰卧起坐成绩的练习方法 [J]. 科教文汇 (下旬刊), 2013(36): 109-110.

[7] 高敏. 排球运动专项身体素质的训练方法 [J]. 湖北体育科技, 2017, 36(3): 240-242.

[8] 黄鹏. 运动体能实训指导 [M]. 北京: 化学工业出版社, 2016.

[9] 黄义. 高校羽毛球教学中的步法训练技巧探析 [J]. 当代体育科技, 2019, 9(17): 67, 73.

[10] 李小龙, 付泉. 高校篮球教学中的体能训练方法与策略研究 [J]. 拳击与格斗, 2023(2): 47-49.

[11] 李玉明. 乒乓球身体素质练习的方法、注意事项和负荷控制 [J]. 课程教育研究, 2019(18): 212-213.

[12] 刘飞 . 青少年足球体能训练的理论认知与实践方法 [J]. 体育风尚 , 2022(2): 152-154.

[13] 刘小禹 , 毛军 , 陈志军 . 基于跨理论模式的认知行为干预对大学生体育锻炼行为的影响研究 [J]. 体育视野 , 2022(18): 13-16.

[14] 蒲珊珊 . 对乒乓球运动员体能训练若干要点的认识 [J]. 当代体育科技 , 2012, 2(34): 35, 37.

[15] 宋金庄 , 王凯 . 浅谈现代体能训练的新理念及新方法 [J]. 当代体育科技 , 2017, 7(27): 21, 23.

[16] 苏泽海 . 大学田径教学中的体能训练探究 [J]. 当代体育科技 , 2019, 9(5): 20-21.

[17] 孙有平 , 孙民康 . 中国竞技体能训练基本问题反思与对策研究 [J]. 成都体育学院学报 , 2023, 49(2): 135-142.

[18] 王海 . 普通高校田径训练的有效方法研究 [J]. 田径 , 2018(4): 21-22.

[19] 王水勤 . 大学生体测速度与耐力项目成绩分析及对策研究 : 以铜陵职业技术学院为例 [J]. 铜陵职业技术学院学报 , 2019, 18(2): 89-92.

[20] 王鑫 . 高等院校课余体育训练现状与发展对策研究 [J]. 佳木斯职业学院学报 , 2018(10): 341-342.

[21] 王勇勇 , 马杰华 . 论我国高校男子篮球运动员的体能训练 [J]. 四川体育科学 , 2015, 34(3): 135-137.

[22] 韦瑞凯 . 试论田径运动速度力量类项群体能训练策略 [J]. 运动 , 2018(1): 31-32.

[23] 魏玉轩 , 金宗强 . 运动处方教学对大学生体质的促进研究 : 以篮球专项为例 [J]. 教育理论与实践 , 2017, 37(3): 60-62.

[24] 夏越 . 全民健身视角下高校体能训练专业教学改革与发展研究 [J]. 冰雪体育创新研究 , 2022(1): 3.

[25] 谢明 . 基于健康体适能理论的全民健身计划实施的策略 [J]. 田径 , 2020(3): 32-33.

[26] 杨光兰，黄尚军.体育强国背景下体能训练对我国青少年体质健康促进的研究 [J].青少年体育，2022(2): 36-38.

[27] 杨洪杰，王艳，刘善云.男大学生功能动作表现与健康体适能的关系 [J].中国学校卫生，2020, 41(12): 1863-1867.

[28] 杨建荣，脱懿梅.大学体育教学之篮球体能训练法研究 [J].文体用品与科技，2015(6): 190-191.

[29] 杨建英.篮球教学中体能训练问题探究 [J].课程教育研究，2014(10): 203.

[30] 余兵，左晖.体适能实践教程 [M].北京：北京师范大学出版社，2017.

[31] 袁晋文.素质教育背景下高校开展体能训练的理论指导与方法创新 [J].当代体育科技，2022, 12(17): 33-35.

[32] 张海军.青少年体能训练方法的创新与应用分析 [J].文体用品与科技，2020(19): 46-47.

[33] 周东.伤病预防体能训练安全管理措施分析：评《大学生运动伤病处理与安全研究》[J].中国安全科学学报，2022, 32(3): 201.

[34] 朱靖靖.青少年网球运动员体能训练理念与内容研究 [J].冰雪体育创新研究，2022(4): 152-154.